DJあおいの恋の悪《わる》知《ち》恵《え》

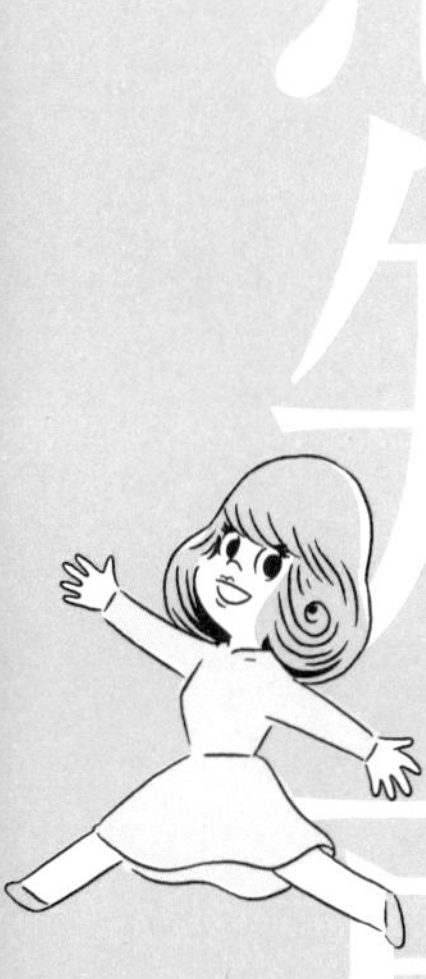

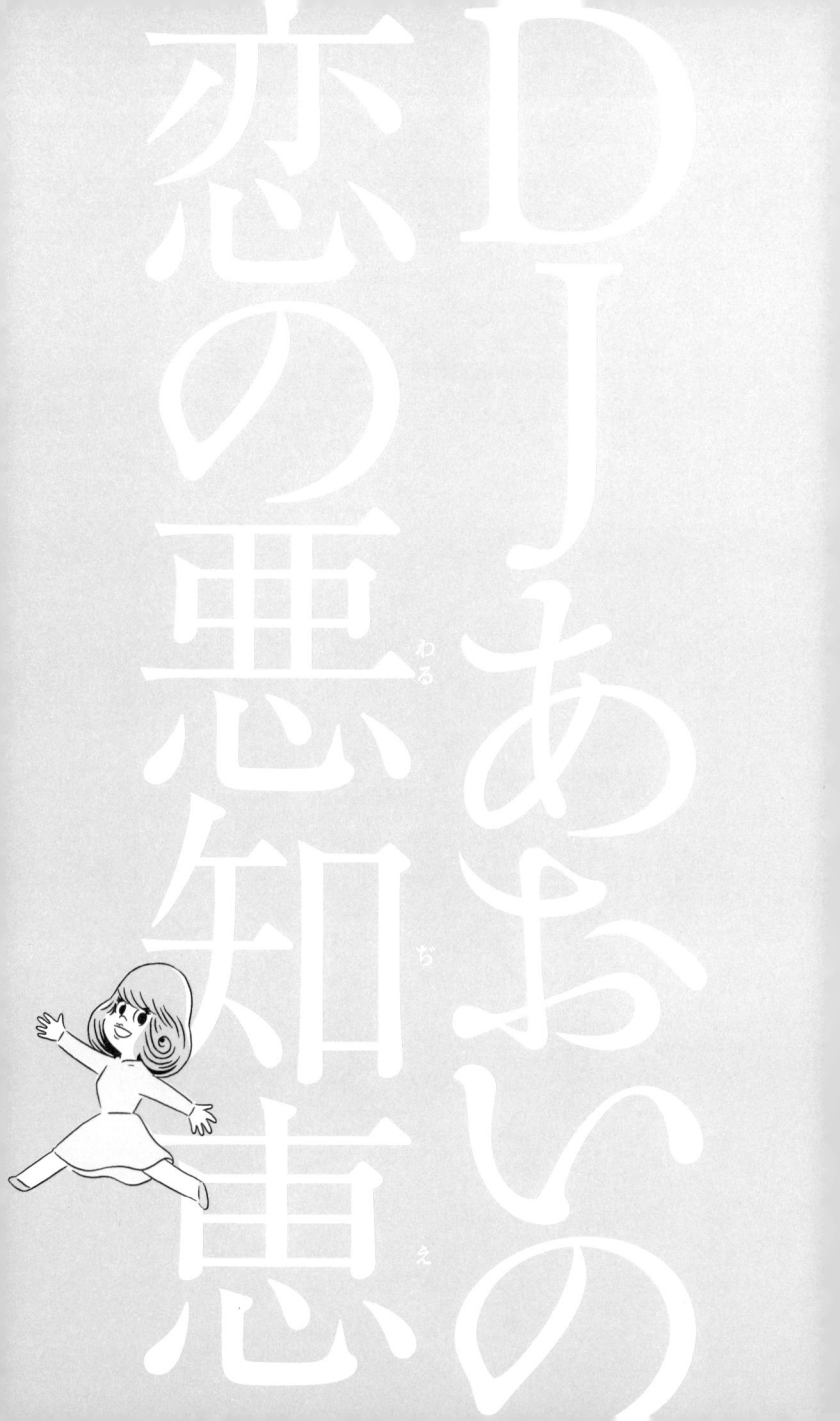

不安を燃料に
燃え上がるのが恋
安心を燃料に
燃え上がるのが愛

恋の炎は自分を
焦がすためのものであり
愛の炎は相手を
温めてあげるものである

はじめに

はじめまして、こんにちは。ＤＪあおいと申します。

まずは最初に簡単な自己紹介を……と思ったのですが、私の人物像や生い立ちを書き綴ったところでちっとも面白くないですよね。そんなものにニーズがないのは充分に承知していますので、省かせて頂きます。本文を読んで頂いて、「ああ、ＤＪあおいってこんな人なんだな」と各々が様々な印象を抱いてくだされば結構です。というかそれが本望です。

私は、ブログをやっているのですが、そこで毎日お悩み相談をしています。

読者さんからのお悩みメッセージを見るのがライフワークになっているのですが、そこでいつも思うのが「真面目な人ほど常識というものに縛られているなぁ……」ということなんです。

それが「常識」というだけで、思考が停止してしまっているということ、常識を盲信してしまっているということ、ゆえに常識に八方をふさがれ、身動きができなくなっているということなんです。

私は幸いにも生まれながらに不真面目という病を患っていまして、あらゆる常識というものにアンチテーゼを持って挑んできたんですよ。なので、どうしてそんな常識に従わなきゃならんのさ！　と常識に喧嘩を売り続けてきたんです。結果的に連戦連敗の負けっぱなし、やっぱり常識強いわぁ……と改めて白旗なんかをあげたりして。でも、そのおかげで常識というものをちゃんと自分なりに頭で「理解」することができるようになりました。そして、ごくまれに常識の矛盾に気がついちゃったりして、あらゆる場面での突破口になってきたと思うんです。

ですので、もし自分が生まれながらに真面目という病を患っていたとしたら……と考えるとゾッとします。だって世の中にある常識というものをすべて盲信してしまったら最終的にどうなると思います？　世の中にとっての「都合のいい人」になるだけなんですよ？　せっかくこの世に遊びにきたのに、都合よく使われるだけの人生なんてまっぴら御免ですよね。

この本には、様々なところにその「不真面目の常識」というものが点在していると思います。そのどれかひとつでも心のどこかに刺さってくれたらいいなぁと思っています。そんな「清く、正しく、ずる賢く」というモットーが詰まった一冊です。

最後の一ページをめくり終えたときに、あなたの世界が変わっていますように。

目次

第1章 恋愛編

「相手のことが好きすぎる」うちは結婚できません 011

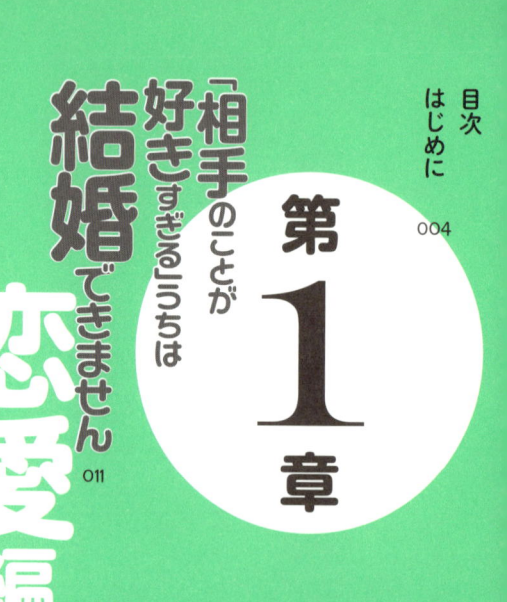

結婚編

第2章 結婚したら幸せになれる！は残念ながら妄想です

第3章 不倫・浮気編

第4章 イケメン、腐メン、ダメ女、二番目の女……男と女編

第5章 ちゃんと"自分"にワタシ"なりましょう"編 163

イラスト 我喜屋位瑳務
装丁 木庭貴信+角倉織音（オクターヴ）

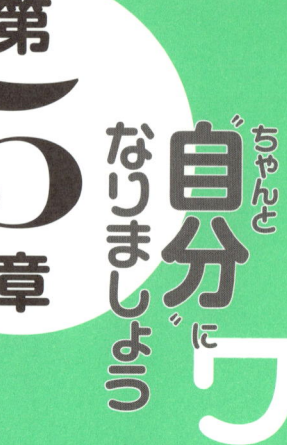

第1章

恋愛編

「相手のことが好きすぎる」うちは結婚できません

01 「言葉で伝えて」というのは女の要望、もっと甘えているのは男の要望

「言葉で伝えてほしい」という女の要望は甘えなのかもしれませんが、**「言葉で言わずともわかってほしい」という男の要望はそれを上回る甘えです。**

「めし、ふろ、ねる」ですべてを察しろ！

という昭和の無茶苦茶な傲慢と同じ匂いがします。


言葉はアウトプットすることで、記憶に根付くもの。

それを言うことで愛情を再確認するのは、相手よりも自分なんですよね。

好きだと言うことで、自分の中の当たり前な感情が特別な感情に変わるんです。

実際、愛情表現が乏しい人というのは
好きだという感情が当たり前の感情になってしまっているんです。
それが女性からしてみればもっとも腹立たしいことなんだと思います。

「付き合っているんだから、好きなのは当たり前」
ではないんです。

「好きだという特別な感情を持って付き合っているんですよ」
という感情を思い出してほしいんですよね。

そこにいて当たり前な女にされて喜ぶ女なんていません。
惚れた女を特別な女にしないで何が男かよ！　ってことです。

02 いい子でいる別れ方は もっとも最悪な別れ方

相手のためを思って献身的に我が身を傷つけるような別れ方は、一見キレイな別れ方に思えるんですけども、それは**もっとも執着を生む別れ方**でもあるんです。

その人の今後を思い、よかれとした行為が
その行為に対する見返りを求める気持ちにつながり、
その見返りを求める気持ちが執着になってしまったりするわけです。

相手のためを思う気持ちというものは、少なからず恨む気持ちがあるもので、その恨む気持ちを消すために、相手を思いやる気持ちというものが生じるものなんですよ。

そんな屈折した自己表現が感情をこじらせたりしてしまうものですから、相手のことを思いやるよりも、**一発ひっぱたいた方が健全でスッキリするものなんですよね。**

自分を弄《もてあそ》んだ男を素直に思いやれる女なんていません。

無理していい子でいる必要もありませんし、**自分に嘘をついてまで、その人を好きでいる必要もありません。**

一度素直にぶちまけてしまえばわかりますよ。

03 重い女と軽い女は紙一重

「自分が一番大事」という一点において、
重い女と軽い女というのは同じカテゴリなんです。
どちらも自分が傷つかないための自己防衛の手段ですからね。

重い女は、傷つくのが怖くて恋愛に臆病なだけ。
軽い女は、傷つくのが怖くて傷つかない程度の恋愛を好むだけ。
重い女と軽い女は、紙一重なんですよね。

両者は正反対のように見えて、「自分が一番大事」という点ではベクトルは同じです。
だから、重い女から軽い女になってしまう人はたくさんいますし、
軽い女はひとりになると、ドスーンと重い女になってしまったりするんですよね。

恋愛というのは自分を捧げるものですから、
自分を一番から手放すことができなければ、マトモな恋愛なんてできないんです。

嫌いな自分を一生懸命大事に守っていても好きになれるわけないのに。
自分は二番目に大事にしてあげるくらいがちょうどいいのに。
その一番の席は、自分を愛してくれる人が座る席なのに。

あー、もったいない。

04

本気か遊びかは寝てみないとわかりません

本当に愛してくれている男性でも、
身体だけを目的にしている男性でも、
求めるものは求めてきます。

ただ本当に愛してくれている男性なら、何度断っても大切にしてくれるはず……
というのは、残念ながら**「女の思い上がり」**です。

身体の関係の重要性を甘く見ない方がいいですよ。
身体の関係の拒否で、二人の間に亀裂が入るのはよくあることです。

男女の関係というのは
すぐに身体の関係を求める男＝身体だけが目的の男
と言い切れないこともあります。
ただ単に男性の性欲の強さがそうさせている場合も多々あるもので、
決して大切にされていないわけではありません。

一方で、すぐに身体を許す女＝軽い女
というのも**女性側の勝手な思い込み**だったりするわけです。

男性側からすれば女性が思っているほど、そう簡単に「軽い女」の烙印は押さないようです。

むしろ男性が嫌うのは、**いつまで経っても身体を許さない「重い女」**だそうです。

でも、この恋愛が遊びなのか本気なのか、
それが気になってなかなか身体を許せないものなんですよね。
はっきり言って、身体の関係を結ぶまでそれはわかりません。

人の気持ちなんて逆立ちしたってわかりません。
そんなものを信じようとするから、疑心暗鬼になって大事なものを失っていくんです。

信じることができるのは、自分の気持ちだけです。
「本当に愛されているのか」ではなく**「本当に愛しているのか」、**
その一点だけに目を向けてください。

その気持ちを信じることができたとき、

その気持ちに従って、正直に動けばいいだけです。
「本当に愛されているのか」について、その答えが出るのは抱かれた直後です。
男は「賢者」になってはじめて、本性が表れるものです。
女より先にパンツを履くような男ならそれまでってことよ！

05 「ギャップがいい」なんて見る目のない人が言うこと

普段、「いい人」でいると、

「この人は、本当は腹黒い人なんだろうな」と評価を下す人が必ずいます。

そういう人は「普段、悪い人」のことを「本当はいい人」という評価を下します。

はっきり言って人を見る目がない人です。

ギャップの部分なんて**ただの気まぐれ**にすぎません。

普段いい人のたまに見せるワガママなところは、
単なる気まぐれですから、許すことができるわけです。
普段悪い人のたまに見せる優しいところも、
それも単なる気まぐれですから、**評価に値するものではありません。**

普段いい人はいい人、普段いい加減な人はいい加減な人なんです。
その人の見たままを信じることができるかどうかが、「人を見る目」ってやつです。

だから、ギャップが本質だと思っているギャップ信者ほど
悪い男に騙されたりするんですよ。

06

「恋愛のために仕事をしている」わけではありません

恋愛することが、幸せというわけではありません。
結婚することが、幸せというわけでもありません。
恋愛も結婚も、人によっては不幸にもなりえるものです。
幸せというものは、社会的な自立の上に成立するもので、
社会に出てもっとも優先すべきことは、当然ながら社会的な自立です。
自立していくプロセスの中で、人は大きく変わっていきます。
また、変わっていかなければならないものです。

その変わっていく過程の中で、自分の恋愛観も大きく変わっていくと思います。
学生の頃の恋愛が、いつしか「過去のもの」になっていくように。
自分とお付き合いしている人の社会的な自立に伴い、その恋愛観も一緒に自立したものになっていかなければ、その恋愛には「終わり」がきてしまいます。
ですから、恋愛のために職場を決めてしまうと
その多くは社会的な自立心を損なうものになってしまい、
その恋愛は思惑とは反対に、破綻へと向かってしまいます。

恋愛はしがみつくものではありません。
自分自身についてくるものです。

07
「その場の雰囲気に流された」は、バカな女の言い訳です

「その場の雰囲気に流されてしまった」という言い訳はよく聞くのですけども
それって「自分は悪くない、雰囲気が悪いんだ」という責任転嫁なんですよね。
そもそもその気がないのなら、そういう雰囲気にしないように働きかけるわけでして
そういう雰囲気になってしまったのは、**間違いなく自分の責任**なんです。

もしその人がブッサイ脂ぎった所持金200円のイカくさい男だったとしたら、
その男がそういう雰囲気を醸し出してきたとしたら、

それでもその雰囲気に流されますかね？
おそらく全力で雰囲気をぶち壊すと思うんですよ。
全力で股間を蹴りあげて中指立ててサヨナラだと思うんですよ。

自覚はなくともちゃんと同意はしているんです。
雰囲気に流されているわけではなく、
その雰囲気に「同意」という印鑑をちゃんと押しているんです。
そこにはちゃんと責任は生じます。
雰囲気のせいにして責任逃れをしようとしないでください。

簡単に謝って楽になろうとしないように
しばらく罪悪感で傷ついていてください。

流されて許されるのは**うんこ**だけなんだぜ。

08

近くにいても遠く感じるのが不安、遠くにいても近くに感じるのが信頼

遠距離恋愛がうまくいかないのは当然なんです。

不安な理由を距離のせいにしたとき、その恋愛ははじめて遠距離恋愛になるんです。

近くにいても遠くにいても、
相手を意のままにコントロールすることなんてできません。
それは**距離に関係のないジレンマ**なのでくれぐれも距離のせいにしないように。

自分にできることは、自分を動かすことだけ。
愛情があるのなら、愛情を原動力に自分を律するだけです。
相手を不安にさせないように全力を注ぐこと。
それが愛するということです。

相手をコントロールするために愛情を注ごうとするから
自分のできることがなくなってしまうんです。
行き場を失った愛情という名の感情は、
不安という形でアウトプットするしかなくなってしまうんです。

愛情を注ぐ場所を間違えないように、
好きなら好きなだけ、安心させてあげることです。

09 不安を燃料に燃え上がるのが恋、安心を燃料に燃え上がるのが愛

恋の炎は自分を焦がすためのものであり、
愛の炎は相手を温めてあげるものである。

ダメ男というのは女に恋をさせる達人であって、女を愛することに関してはド素人。
そういう意味で言えば童貞と同じようなもんです。

不安は提供できるけど、安心は提供できないということですね。

そういう男は、不安で感情を揺さぶって恋をしたいだけの
依存体質な女性には需要がありますが、
ちゃんと自立した大人の女性には需要はありません。
つまりモテているように見えても、**誰もそんな男を愛してはいない**ということです。
ちゃんとした恋愛がしたい人にとって、そんな男はガラクタでしかありません。
不安を燃料にした炎が恋の炎。
安心を燃料にした炎が愛の炎。

安心を共有できる自立した女になることが最優先なんですよ。

10 「次の恋愛」のためにやるべき本当のこと

失恋からの立ち直り方で、女性にありがちなのが、
「次の恋愛のため」という名目で立ち直ろうとすることです。
どんなに勉強や仕事を頑張って充実しても、どんなに遊んで充実しても、
その充実はすべて「次の恋愛のため」になってしまうんです。

ですので次の恋愛がなかなかこないと、
その充実すべてが虚しいものに感じられたりしてしまうんです。

その瞬間こそが「ふとした瞬間」、つまり「暇なとき」なんです。

充実は、次の恋愛のためではありませんよ！
恋愛なしでも楽しめる自分をつくるためのものなんですよ！

ふとした瞬間こそ幸せのバロメーターです。
もし、虚しさを感じるなら目的が間違っています。
ふとした瞬間に楽しさを感じるのが充実の証です。

「振る方も辛い」というのは振られる側を思いやる言葉

「振る方も辛い」という言葉は、誠意を持って別れを告げてくれた人に対する労いの言葉であって、自己弁護するための言葉ではありません。

振られる側にとって、残酷なこととは

- 同情で付き合いを続けること
- あからさまなフェードアウト狙い
- 嫌いになってもらうように仕向けること

- 「距離をおきましょう」という曖昧な逃げ口上
- 「友達に戻りましょう」という気休めの言葉
- 「好きだから別れる」というわけのわからん言い訳
- 復縁を期待させるテキトー――――な約束

これらが**誠意の欠けた残酷な別れ方**です。

「振る方も辛い」という言葉がほしいのなら、これらの別れ方は決してしないように！

何が誠意なのかといったら、**感情的な言葉ではなく理性的な言葉です。**

ですので別れ話は、徹頭徹尾感情を見せないこと。

あくまでも理性で切り離すことが、振る方の誠意なんですよ！

残酷なように思えるかもしれませんが、

覚悟の欠けた中途半端な優しさでは、その人を苦しめてしまうだけですよ。

12

運命は出会いまでしか面倒を見ません

恋愛において「不思議な出会いはあっても、不思議な別れはない」と言いまして**出会いは運命**かもしれませんが**別れは自分達の問題**なんです。

別れには必ず理由がありますから、それを運命のせいにしていたら何も変わりません。
おろかに同じ恋愛を繰り返すだけです。

「運命の人ではなかった」なんて理由で片付けないでください。

もし運命というものがあるとしたなら
運命は出会いまでしか面倒を見てくれません。
運命を運命たるものにするのは、お互いの実力です。

恋愛というものは、
脳内のお花畑の中でするものではございません。
あなたが二本の足で立っている、
この神も仏もありゃしない**現実**でするものなんですよ！
鏡でも見て、さっさと現実に戻ってきてください。

13 愛するということは「愛し合う」話し合いを続けること

恋愛において、「話し合い」というのはもっとも大事な習慣です。
「それ自体が愛し合うことになる」と言っても過言ではありません。
すべての別れは、話し合いが成立しないことによって起こってしまうものですからね。

私が思う「話し合いができない人の特徴」は、

●「価値観が違う」という思考停止ワードを持ち出す人

● 話し合いの着地点を**「和解すること」ではなく「ねじ伏せること」**にしている人

● **「誰も自分のことをわかってくれない」**と誰のこともわかろうとしていない人

● 人の話を遮って**自分の主張をしてくる**人

● 分が悪くなると「全部私が悪いんだね……」と**めんどくさいグレ方をする**人

● トラブルの度に**「少し距離をおこう」**というやんわりとした話し合いの拒否をする人

● 自分の非は認めても**謝ることはしない**人

● 無視をしている自分に気づいてくれないと、**無視アピールをしてくる**人

● **「そんなこといちいち言わなくてもわかるだろ！」**と、自分が言わなくても相手にわかってほしい究極の甘ったれな人

● 付き合っている相手に対して、価値観云々と言うわりには価値観に一貫性がなく、**ただの気まぐれで機嫌が左右されてしまう**人

● **前戯をめんどくさがる**人

ひとつでも当てはまる人は要注意ですよ。

14

「恋愛に駆け引きなんて必要ない教」に伝えたい大事な「駆け引き」

「恋愛に駆け引きなんて必要ない教」の人は

恋愛に駆け引きなんて必要ないわ！
ありのままの自分でいればいいのよ！

というような意見を言いますよね。
私も、おっしゃることはごもっともだと思います。

でもなぜでしょう。

「駆け引きなんて必要ない！」と言っている人ほど
雑な恋愛をして、破綻を招くような言動をとっているような印象を受けます。

雑というのは、相手の気持ちを省みず、思いやりをなくし、
自分の要求だけを押し付けるような、単に**開き直っただけの恋愛**のこと。
これでは、しっかりと関係を築いていくことはできません。

「自分を好きになってもらうため」の私利私欲で使われる駆け引きは、必要ないと思い
ます。ですが、**自分が自分を好きになるための駆け引きというものは、絶対的に必要な**
駆け引きです。

「駆け引きなんて必要ない教」の人というのは、
この必要不可欠な駆け引きも放棄してしまう傾向にあるので、

ただの開き直りになってしまうわけですね。

どんなに相手のことを好きになっても、
その人を好きな自分を嫌いになったら、その恋愛はもうおしまいです。

自分の私利私欲のために駆け引きをする人、
自分が楽になりたいがために駆け引きを放棄する人も、
真逆なようで、向いているベクトルは同じです。

自分がかわいいだけの恋愛なら、
どっちにしてもそれは破綻する恋愛になってしまいますよ。

15

「本当に好きなのかわからなくなった」ら自分自身を疑いなさい

マンネリ、倦怠期の要因のひとつは、変化がないということ。
変化のなさを感じると、人というのはだいたい「本当に好きなのかわからなくなった」と考えてしまいます。

これは、変化がないのを相手のせいにすることで、

相手に飽きてきたという勘違いを引き起こしてしまうんです。

仮に、別れることを決断したとしましょう。
別れればきっと変化のない毎日から解放されると思うじゃないですか。

でもいざ別れてみても、何か釈然としないんですよね。
もっと解放感があると思ったのに、ただ虚しいだけだったりするんですよ。
変わったのはひとりになったということだけで、
また同じような毎日の繰り返しになったりするんです。

倦怠期の要因は、相手に変化がなくなったのではなく、
自分自身に変化がなくなったから。

つまり、相手に飽きたのではなく、

自分に飽きてしまったということです。

ちなみにこれは愛されていることに慢心して、**女であることを怠ってしまう**と陥りやすい現象らしいですよ。

倦怠期を感じたら**まず自分自身を疑って**ください。

16 別れに必要なものは希望ではなく絶望

「嫌いになったわけじゃない」という嘘は修復不可能な別れの言葉。

「友達に戻りましょう」という優しい嘘はあなたとは本気ではなかったという残酷な告白。

本気で付き合っていたのなら友達になんて戻れるわけがありませんからね。

「少し距離をおこう」という優しい嘘は、

他人の距離になりましょう、もしくは都合のいい距離になりましょう

という意味合いもあったりするケースも少なくありません。

別れるときは藁《わら》にもすがる想いになりますから、こうした言葉は優しい嘘だとわかっていても、そこに希望があればしがみついてしまうものですよね。

そもそもキレイに別れられるくらいの関係なら、別れる必要のない関係です。

別れる必要のない関係を偽るから、そこに執着の原因ができてしまうんです。

だから別れるときは**ちゃんと傷つけましょう**。

17

異性に恋愛相談をすると その人に恋愛感情を抱くのは ある意味当然のこと

恋愛相談をした異性に恋愛感情を抱くことは、男女問わずありますが、とくに感受性の強い女性に多く見られる傾向だと思われます。

このカラクリを少し紐解いてみましょう。

まず、女性から男性に恋愛相談を持ち掛けたとします。

友情というのは同質なものに惹かれるもので、
恋愛感情というのは異質なものに惹かれるものです。

この時点では、まだ異性としての異質なものに惹かれているわけではなく、
同質なものに、ただの友人として惹かれているわけです。
そうじゃなければ、男女間の友情は成り立たないですからね。

ところが、恋愛相談をすることで、
自分の女としての部分を見せることになります。

恋愛というのは、
女の女としての部分と男の男としての部分が惹かれ合うものです。
当然、恋愛相談をするには、自分の女としての部分を晒《さら》さなきゃならないわけです。

またその相談を受けた男性は、自分の男としての部分で答えなきゃならないわけです。

今まで同質なものに惹かれ合っていた関係が、
お互いの異質な部分でコミュニケーションをとることで、
その相談に親身になればなるほど、
お互いを異性として意識するようになってしまうわけです。

つまり、恋愛相談は
お互いの異性としての部分を引き出すコミュニケーション
になっているのです。

これが**「異性に恋愛相談をするとその人に恋愛感情を抱いてしまうカラクリ」**なんです。

これを応用して、少し気になる人に

その人が好きだということを伏せて、恋愛相談を持ち掛け、
自分を異性として意識させる、というずる賢い手段があります。
まぁ、恋愛マスターな人がよく使う手段でもあるんですけど、
あまり計算高い駆け引きは
裏目に出ると、自己嫌悪の元になるのでオススメはできません。
テクニックとしてではなく、
ハプニングとして恋愛に発展するのがスマートですね。

18 「執着すること」と「一途であること」は違います

執着することは、何かしらの期待を残している心理です。

期待を残していることは、何かしらの見返りを求めている心理です。

執着してしまう人は、自分のすべてを捧げ、**自己犠牲の代償に愛情を求める**傾向があります。

わかりやすく言うと、

「こんなに愛したのに！」という、見返りを求めてしまう行動に出る人です。

自己を犠牲にするということは、
自分を嫌いになってまで、相手を好きになろうと執着することです。
なので執着してしまうタイプの人は、自分嫌いの人が多い傾向にあります。

恋愛に、自分のすべてを捧げる必要はありません。
愛するということは、**愛情を分け与える**ということです。
全部もらうより、半分こにしてくれた方が何か深い愛情を感じるでしょ？
それでこそ見返りを求めない愛が成り立つものです。
それが、一途に愛するということです。

別れれば当然、未練は残りますが、
一途に愛した人ほど過去の恋愛に執着することはしないものですよ。

Q

恋人に対して、「特別」だということがいまいちよくわかりません。

A

当たり前なことほど、特別なんだよ。失ってから気がついても遅いんだよ。

Q

男の人が言う「彼氏がいそう」な女性ってどんな人ですか？

A

これは、単に彼氏がいるかどうかを探っているだけです。**男が使う情報収集の手段**です。

Q

略奪愛はありですか？ そして無理やり奪ってもいいものですか？

A

基本、ダメです。
略奪愛をするんだったら、**自分からの略奪も許さなければなりません。**

Q

過去にフラれたトラウマで、人を愛するのが怖くなってしまいました。

A

怖くて当たり前。
あとはそれを飛び越える勇気を養っていくだけです。
怖さを知らない方が怖いです。

Q
夜の行為のマグロとトビウオの境界線はどこなんですか？

A
境界線は泳げるかどうか、です。
ベッドはまな板ではなくて、海なんだぜ！

Q
元カレと別れてから、次に恋ができるのか不安です。

A
できなきゃ、できないでいいよ。
恋はしなきゃならないもんではないんだから。

Q
あおいさんは、運命ってあると思いますか？　運命を信じますか？

A

信じません。
何度も言っていますが、**運命は出会いまで**ですよ。

Q

好きな人に「かわいい」って言われたとき、どう反応したらいいのでしょうか？

A

かわいいだけじゃないんだぜ！

Q

自分は恋愛感情があって身体を捧げてるけど、相手からしたら
ただのセフレにしか思われなかったとしたら、この関係に未来はないでしょうか。

A

ない、です♡

Q
相手に抱いてる気持ちが「恋心」なのか「欲情」なのか判断できないです。

A
ぶっちゃけ、やらなきゃわかりません。

Q
2年付き合っている彼氏のことが、好きなのか好きじゃないのかわかりません……。

A
別れたら、わかりますよ。

Q
30歳以上の年の差恋愛はアリですか？

A

成人同士ならアリ。未成年と成人はナシ。

仕事重視の彼。もう少しかまってほしいと思うのは、やっぱりワガママ？

A

暇なの？

なぜ人は付き合うのでしょうか？

A

付き合う意味があって、付き合っているわけではありません。この人と何かを築きたいと思うから付き合うんです。

Q

彼氏が、彼女よりも友達優先です（昔から）。
彼氏の優先順位はこのまま変わらないのでしょうか？

A

恋愛をしているうちは変わりません。
この先結婚して家族ができたら、
変わるかもしれません。

Q

「みんなに優しい人」と、「自分にだけ優しい人」
彼氏彼女にするならどちらがいいですか？

A

みんなに優しい人というのは、

人に興味がない人です。

ピンポイントで優しい人の方がいいです。

Q

社内恋愛がうまくいく方法はありますか？

A

- 結婚するまで二人だけの秘密にする
- デートは会社から遠いところでする
- 出勤も退社も別々で
- 仕事中の恋人は仕事であること

Q

付き合っていてマンネリを感じたときの解決策は何ですか？

A

特効薬は「嫉妬」です。

Q

彼がいきなり冷たくなり、理由を聞いても「何もない」と言われます。
本当に理由はないのでしょうか……。

A

聞くと言わなくなってしまうので、
放っておきましょう。

そのうち泣きながら何か言ってきます。

恋愛の「好き」と友情の「好き」の違いを教えてください！

A

異質なものに惹かれるのが恋愛。
同質なものに惹かれるのが友情。

付き合う前から、うまくいかなかったらどうしようという不安があるんですが……。

A

不安はあって当たり前。
不安がない方が恐ろしいですよ。

Q
彼氏が冷たくなり、振られそうな予感がします。何か食い止める方法は？

A
振られそうな予感があるときはもう手遅れです。最後ぐらいは、**いい女**でいましょう。

Q
恋愛って、結婚前のお試し期間なんですか？

A
結婚を目的に恋愛しているわけではないですが、**恋愛を積み重ねていけば、いずれ結婚に結びつく**ものですよ。

第2章 結婚編

結婚したら**幸せ**になれる！は
残念ながら**妄想**です

01 「子どもを産んでも、女を捨てないで」でいられるかは選んだ男次第

女性が子どもを産んで、母親になるのは当然の流れです。

それでもなお女性らしくいられるのは、

男性がちゃんと、父親として子育てをしてくれる場合に限ります。

男女二人が親として子育てをしてこそ、女性は親としての負担が軽くなり、

その分女性として美しくいられるわけですね。

しかし、男性が父親になりきれない場合は、女性は親としての負担が倍かかります。
女性らしさを犠牲にして母親にならなければ、子育てなんてできないものなんです。

その様を見て「女を捨てている」なんて言う男性も多いのですが、
それはその男性が父親として機能していないからなんですよ。
いつまでも女性として美しくある母親には、
父親としての自覚を持った男性の支えがあるものです。
嫁が子どもを産んでから女を捨てていてイヤだぁ？
それはその男が父親として無能だからでしょ！
断言しますが、父親になりきれない男はクズです。
ATMとしてしか価値はありません。

02 喧嘩を円満に終わらせる方法は、「悪くない方から謝ること」

喧嘩や言い争いをした際に、「許してほしい」という欲求を持って謝ると、その欲求が重いものになってしまったりすることがあります。

だから、謝るのなら「許してほしい」という気持ちで謝るのではなく、「許してあげる」という歩み寄る気持ちで謝ってあげた方がうまくいきます。

それと、仲直りのためには**なるべく軽いシチュエーション**を整えてあげましょう。

たとえば、この世の終わりのような顔でウソ泣きをして
心配そうに近づいてきたところで、変顔ブチかまして
「ウソよねーーーーん!! ごめんね!!」とかです。

仲直りの儀式が重いものになってしまうと、
後々それが二人の関係をシラケさせてしまうものになってしまいます。

大事なのは仲直りした後です。

仲直りするために話し合うのではなく、
話し合うために仲直りをしてください。
結婚生活において、仲直りした後ほど素直に話し合える舞台はありませんからね。

03 「結婚は二番目に好きな人とした方がうまくいく」の本音

「結婚は二番目に好きな人とした方がうまくいく」

これは、昔からよく言われていますよね。

しかしこれは、**身を滅ぼすような盲目的な恋愛は短命ですよ！**と言いたいだけであって、この言葉自体の意味に信憑性はありません。

末長くお付き合いをするためには身を焦がすような恋愛感情ではなく、

穏やかな恋愛感情が大切だと伝えたいんだと私は思います。
二番目に好きだからといって、穏やかな恋愛感情が持てるのかといったら**そうでもない**ですよね。
そもそも**恋愛感情とは一番とか二番とか**

ランキング化するものではなくて、ランキングとは無縁の特別な存在に注ぐものですから。

二番という存在がある時点で、それは恋愛感情ではなく**ただの所有物**なんですよね。

恋愛に盲目になってしまうほど感情がコントロールできないのは、その感情が大きいからではなく、自分自身の理性が未成熟なせいです。

出逢いと別れを繰り返し、人として成熟できたときに、恋愛感情というものは末長く続く穏やかなものになるわけです。

穏やかな感情を欲するために二番目に好きな人を選ぶということは、**傷つかないために好きでもない男と身体を重ねて性欲だけ満たしているようなもの**です。

そんなもの虚しいだけの関係です。

結婚とはお互いが永遠の片想いを誓うものです。

愛し合うこととは
お互いの両親を二人で愛し合っていくことです。
お互いの友人を二人で愛し合っていくことです。
お互いの仕事

お互いの環境

そしていずれ子どもができたとき

二人で子どもを愛し合っていくことです。

そのために話し合い続けることが、愛し合い続けるということです。

04 結婚したらこれで安泰！という幸せは幻想です

幸せというものは、そこに用意されているものではなくつくっていくもの。

働いたり、家事をしたり、貯金したり、話し合ったり、たまには遊びに行ったり、二人でつくり、二人で守り、少しずつ、少しずつ大きく育て上げていくのが幸せというものなんです。

これで安泰！という幸せなんて幻想でしかなく、

幸せというものは案外脆《もろ》くできているものなんです。
だからこそ尊く、大事に育て守っていかなければならないんですよね。

それは、自分の力で幸せを築いた人にしかわからないことなので、男が必死こいて築いた幸せに寄生している人には、その幸せがどれだけかけがえのないものなのかわからないんです。どれだけ脆く、壊れやすいのかわからないから、今ある**幸せを雑に扱いその価値を見誤るんです。**

「幸せにしてほしい」ではなく、二人で幸せをつくるんです。

そうでなければ、どんなに大きな幸せもいつか価値のないものになってしまいます。

05 母親から逃れられない人、子どもに執着してしまう人

親として子どもに教えなければならないことは、
自分がいなくなっても、ちゃんと生きていけるようになること。
自分がいなくなっても、ちゃんと幸せになってくれるようになること。

「あなたはあなたの道を行きなさい」
と笑顔で見送ってあげること。

親は子どもの杖です。
ひとりで歩けないときは、杖になってやるのが親の役目です。
いずれ杖の必要はなくなります。
それでいいんです。
あなたは母親の延長ではありません。
あなたはあなたです。

自分自身の存在に自信を持って、
あなたはあなたの足で歩いてください。
いずれ我が子の杖になるためにね。

子を育てる育児は「育自」

06

暴力は、言葉で表現できない感情です。
それを表現できる言葉を持っていたら手は出ません。
子どもは主に親とのコミュニケーションで「言葉の使い方」を覚えるものです。
コミュニケーションが成立しないテレビなどでは、
言葉は覚えても「言葉の使い方」というものは、覚えられません。
言い聞かせて理解できる子どもなんていません。

何より大事なことは、「聞いてあげる」ことです。
まだ言葉にできない感情を言葉で表現してあげて、
それを理解してあげるのが親の務めだと思います。

親が一方的に言いたいことを言っていたら、
子どもは一方的に感情をぶつけるだけになってしまいます。

言い聞かせるよりも言いたいことを代弁してあげてください。
叩くよりも抱きしめてあげてください。
奪い合うことがいけないんだと間違いを教えるよりも
一緒に遊んだ方が楽しいんだよという正解を教えてあげてください。

それが、「愛する」ということだと思いますよ。

07 男の運転時の性格は将来の自分への性格

よく**「車の運転をすると性格が変わる」**なんて言ったりするのですが、正しく言えば性格が変わるわけではなく、本性が出てしまうだけです。

普段は穏やかでも、車の運転をすると乱暴になる人は乱暴な性格がメインの人です。

逆に、車の運転をするとおとなしくなる人は臆病でおとなしい性格がメインの人です。

同居や同棲をするとわかると思うのですが、**車の運転時の性格と家でのその人の性格は見事に一致します。**

気に入らない車がいるとハンドルを殴ったり叩いたりする人は、恋人や嫁と喧嘩をしてもよく物に当たります。

やたらとスピードを出したがる人は、協調性がなくせっかちです。恋人にも自分の都合だけで「早くしろー、早くしろー」と言ったりします。

気に入らない車に幅寄せをしたり、後ろにピッタリ張り付いて煽ったりする人は自制心がなく暴力性が高く、**恋人にも平気でモラハラをしたりする傾向**があります。

視野の広さ
判断能力の高さ
周りに不快感を与えない配慮
自制心の有無

彼の運転は、**将来のあなたに対する態度**ですよ！

08

「何でも言い合える関係」という幻想

「何でも言い合える関係」というものが至高の関係だと勘違いしている人も少なくないのですが、はっきり言ってそんなものは**幻想**でしかないんですよね。

言いたいことを何でも言っていたら、**あっという間に関係は破綻**するのが現実です。

「言ってほしくないこと」というものは各々必ず持っているものであって、それを知るためにお付き合いを重ねている部分もあります。

「太っている」「胸が小さい」などの身体的なコンプレックスはその代表格であり、それは本人が自らネタにして、笑いにするくらいの気概が持てるまで、静かに見守っていてあげるのが恋人の務めですよね。


長く続く関係というものは、言ってはいけないことは決して言わない関係です。

だからこそ安心が生まれ感謝が生まれ、信頼が生まれるんです。

言ってはいけないことは決して言わないからこそ、安心して仲良く喧嘩できるわけです。

気を使っていることを悟らせずに、気を使っていないように接するのが品性のあるコミュニケーションです。

男に甘ったれて、**下品になってはダメ**ですよ。

何を言うかよりも何を言わないか
何をするのかよりも何をしないのか

強くならなきゃ恋愛なんてできないってことよ!

Q

「子ども」がいない夫婦の場合、恋人と何が違うのでしょうか？

A

二人で愛し合うのが恋人です。
二人で周りを愛し合っていくのが夫婦です。

Q

子どもが生まれて、子どもが中心の毎日です。
昔のような恋人には、一生戻れないのでしょうか……？

A

どんなに頑張っても昔には戻れませんが、
もし昔に戻れたとして
そのときは子どもも産まれていません。
本当にそれが幸せですか？

Q

親に、彼の顔がカッコよくないからと、結婚を反対されてます。

A

キャビアもトリュフもフォアグラも、**見た目はよくありません**。彼の味を知らないだけなので、一度ご馳走してあげてください。

Q

付き合って6年の彼氏と、どうしたら結婚できますか？ 同棲もまだなんです！

A

同棲も結婚も、**単なる通過点**であって、目的地ではありません。一生を添い遂げるという目的地に向かっていけば見えるものですよ。

Q
結婚を前提に付き合っていますが、彼の家族が好きになれません。

A
「結婚を前提としたお付き合い」というものは、「お互いの家族を愛する」ということが含まれています。**その人が好きだという気持ちだけでは足りないのが結婚**なんですよ。

Q
交際期間3カ月で、結婚してもいいの？

A
今までどれだけの恋愛経験をしてきたのか。**どれだけの「愛し方」を学んできたのか。**

その総交際期間が3ヵ月なら、やめた方がいいです。充分な経験を積み重ねてきたのなら、大丈夫だと思いますよ。

Q
結婚して4ヵ月の新婚ですが、すでにセックスレスです。話し合いをすべきでしょうか？

A
話し合うより押し倒せ。女は、マグロからトビウオに成長する出世魚なんだぜ。

Q

結婚する気がないバツイチの彼と、結婚したい私。

どうしたら結婚へ前向きになってくれる？

A

結婚に対するお互いの価値観を確認し合うこと、理解し合うこと、否定しないこと。

その意思がお互いに欠けているようなら永遠に平行線です。

「結婚に対する接点はない」と思った方がいいでしょう。

Q

結婚するなら、幸せにしてくれる人？ 好きな人？

A

幸せにしてもらおうなんて、
図々しいにもほどがありますね。
幸せというものは苦労の中にあるものなので、
苦労もせずに幸せにしてもらおうなんて人は
永遠に幸せにはなれません。
ただ単に「好きな人」というのも、
衝動的な感情で危ういです。
結婚相手の値踏みよりも、まずは
自分が結婚に値する女なのかどうなのか。
そこにしか答えはありませんよ。

Q

将来、結婚して幸せな家庭を持つことが夢ですが、付き合っている人はいません。このまま一生ひとりかな……と、ふと不安がよぎります。

A

安心してください。その不安は、**結婚してからの不安**よりも軽い不安です。

Q

家族から彼との結婚を祝福されてません。

A

家族が子離れできていないのか、あなたが親離れできていないのか。そのどちらかでしょうね。

Q ずばり、結婚して幸せになれるカップルの理想像とは何でしょうか。

A お互いが異なる独立性を持ち、
お互いが異なる価値観を持ち、
お互いが異なる世界を持ち、
お互いがお互いのサポーターであり、
お互いを尊重することができる、そんな二人ですかね。

Q 男に「この女と結婚をしたいな」と思わせるには、何が一番大事ですか？

A 「この女と結婚をしたいな」と思わせようと、

下手な策を練らないことです。

Q
どうしてこんなに結婚したいんでしょう?

A
結婚がゴールだと思うと
過剰な結婚願望が生じます。
その願望だけで結婚すると
結婚は人生の墓場になってしまいますね。
スタートを切る覚悟もなしに
結婚はするものじゃないってことさ。

第3章

不倫・浮気編

「不倫やめたい」と言う女性は実力不足です

「やめたいのにやめられない」は責任逃れの戯《ざ》れ言です

01

不倫や浮気をしている人の口グセに
「もうやめたいと思っているんですけど、やめられないんです」というものがあります。
でも、**実際のところはやめたくないからやめないだけ**ですよ。
「あてくしはやめたいと思っているのにぃ〜」なんて言い訳は、
自分は悪くないんだという責任の放棄ですよね。

責任を負う覚悟もないくせに人の男に手を出すな！

っつー話ですよ。

好きな気持ちに負けてしまうのは、好きな気持ちが大きいからではありません。**その程度の自制心しかないから負けてしまうだけです。**

実際はただのだらしない関係でしかありません。

そのドキドキは恋愛のドキドキではなく、罪悪感のドキドキですよ。
ドキドキしたいだけなら、ひとりで吊り橋でも渡ってりゃいいんです。

あとひとつ忠告しておきます！

相手の男はあなたのことを都合のいい肉くらいにしか思っていませんから。

02

都合のいい女にさせられるナンバーワンは、「棄てた元彼女」

「棄てた元彼女」というものは、少し優しくするだけで「愛情が戻ったんだ」と勘違いしてくれるわけですから、こんなにお手軽な女はいませんよね。

またゼロから関係性を築く必要もなく、楽で時間もかかりません。

いい男は、別れというものに敬意を払っているので、決して棄てた女に優しくしません。

それが「男前」ってやつです。

彼は都合よくキープするような人じゃない？
それって、どういう理由から？
そう思い込みたいだけで何も根拠はありませんよね？

傷つくのが怖くて現実逃避するのはやめましょう。
彼はあなたのことを**都合のいい肉**くらいにしか思っていませんよ！
別れたら赤の他人に戻るのが恋愛の鉄則です。
別れた男に抱かれるくらいなら、
ひとり寂しさを抱いて眠りなさい。

03 浮気をされる女、浮気をされない女

浮気をされる女性は**「浮気をされたらどうしよう……」**と考えます。
浮気をされない女性は**「浮気をされたら別れる（シバき倒す）!」**と考えます。

浮気をされる女性は**男に嫌われないために**努力をします。
浮気をされない女性は**自分を嫌いにならないように**努力をします。

浮気をされる女性は**ひとりになると寂しくなります。**

浮気をされない女性は**ひとりの時間を充実させる**術を持っています。

浮気をされる女性は**自己を犠牲にして男に尽くします。**

浮気をされない女性は**余裕の分だけ男に尽くします。**

浮気をされる女性は**安心すると女であることをサボります。**

浮気をされない女性は**どんなときでも女であることを楽しみます。**

浮気をされる女性は**危険な匂いのする男**を好きになります。

浮気をされない女性は**幸せの匂いがする男**を好きになります。

浮気をされる女性は**ベッドの中ではマグロ**になります。

浮気をされない女性は**ベッドの中ではトビウオ**になります。

04 女の浮気がバレにくいのは男が自分の女を見ていないから

女性の浮気が見破られないのは、女性が嘘をつくのがうまいからではありません。**女性の浮気を見破られないほど、自分の女を見ていない男だから浮気されるだけです。**彼女や奥さんの髪形が変わったことにも気づかないような男が、浮気していることなんて気づくわけないじゃないですか。

昔から「**男は怠慢で浮気して、女は不満で浮気する**」と言いますよね。まぁこれがすべてではないのですが、こういう傾向が多いことは今も昔も変わりません。男性の場合だと、女性からちゃんと愛されているときに、気の緩みから浮気するケースが多いんですね。
この場合、女性はちゃんと愛しているわけですからちゃんと男性のことを観察しています。なので男性の浮気は、すぐにバレてしまうケースが多いんです。

女性が不満を感じるときというのは、

● 話を聞いてくれない
● 自分を見てくれない
● 自分に無関心

だいたいそんなところですが、男性から関心を寄せられていないときに浮気するので、女性の浮気はバレにくいというわけなんです。

05 「浮気をするから信頼できない」のではなく「信頼していない」から浮気をされる

恋愛にしろ、結婚にしろ、お付き合いというのは共同作業なので、**個々の人間性だけで浮気の有無が決まるわけではありません。**
どんなに理性的な男性でも、お付き合いをする女性によって浮気をしてしまうこともありますし、
どんなにチャラい男性でも、お付き合いをする女性によって

浮気グセが治ることもあります。

これは男性だけの人間性の問題ではなく、

女性の人間性も大きく関わってくる問題です。

ですから、**浮気をされる女性は**

どんな男性とお付き合いしても浮気をされてしまうケースが多く、

浮気をされない女性はどんな男性とお付き合いしても浮気はされない

ことが多いんです。

では、どんな女性が浮気をされるのでしょう。

ずばり、**男性を信頼していない**女性です。

「浮気をするから信頼できない」のではなく、

「信頼していないから浮気をされてしまう」わけなんです。

人がもっとも裏切ることができないのは信頼です。
信頼してくれる人を裏切るようなことはしたくないのが人間です。
信頼することがもっとも大きな抑止力になります。

ですから、いつも不安に悩まされている女性や男性のケータイを盗み見するような女性は浮気をされやすい傾向があるんです。
そもそも、人のケータイを盗み見るようなモラルしか持ち合わせていないのなら小学生からやり直した方がいいです。

男性側からしたら信用してくれない人を裏切ったところで大して傷つくことはありませんからね。

大事なのは信頼に値する人間性を求めるよりも、まず無条件に信頼することです。

信頼に値する人だから信頼するのではなく、信頼するから信頼に値する人になっていくのです。

つまり、**男が外で何をするのかは女の実力**ってことよ！

06 不倫の覚悟は、不幸になる覚悟

好きになった相手がたまたま既婚者だったという話はよくあります。
感情は自分の都合に合わせてくれないので、きっとそういうこともあるでしょう。

このとき二つの選択肢が生じます。

- 好きな自分であるために傷つくことを選ぶか
- 傷つかないために嫌いな自分に成り下がるか

不倫をするということは、**後者を選ぶわけですから自己嫌悪に陥るのは当然の報いです。**

それを運命だ、好きだからなんて、しょーもない理由をくっつけて簡単に楽になろうとしてはダメですよ。他人の家族を崩壊させておいて、世間に認めてもらおうなんて図々しいにもほどがあります。


私は、**家族愛に勝る愛情はない**と思っています。

恋愛感情もそれに至るまでのプロセスのひとつにすぎません。

自分の嫁や子どもよりも、不倫相手の女をとるような男性は誰も幸せにできません。

もしその男性との恋愛の果てに家族になったとしても、その男はまた自分の家族ではなく、違う女性を選ぶでしょう。

そんな不幸になる覚悟もなしに人の男に手を出すなよ！

07 甲斐性があったからといって浮気をしていい理由にはなりません

「浮気は男の甲斐性」とは浮気を肯定するための誤った恋愛観です。
甲斐性があったからといって浮気をしてもいいという理由にはなりません。
言葉にする度胸もない程度の甘ったれた男の戯《ざ》れ言にすぎません。
一方、**「女は男を立てるもの」とは、**
釣った魚に餌はやらないぜという誤った恋愛観で、

「男は背中で語るもの」とは、男が言いにくいことは女が察しろ！ という無茶な恋愛観です。

そして、**「女は惚れるより惚れさせろ」とは、女に男を選択する権限はないんだぜ！ という男にとって都合のいいだけの恋愛観**です。

愛されるための努力に執着している女子力バカほど、信じ込んでしまいがちなものです。

どんなにたくさんの人に好かれようが満たされず、たったひとりの人を愛することで満たされるもの。それこそが、「幸せ」というものなんです。

幸せになりたいのなら、愛され方より愛し方を学んでください。

08

振った寂しさの正体は「もう愛せないけどまだ愛されたい」というスケベ心

「もしかしたら、もう一度やり直せるかもしれない」なんて少しでも甘い期待を抱いてると、いつまで経っても過去の恋愛が忘れられないものです。甘っちょろい期待が、いつまでも自分を苦しめるんですね。

忘れられないのは期待があるからです。

期待を手放すことが失恋から解放される一番の近道です。

別れることを決意したときの少し寂しい気持ちは、その人がまだ好きなわけではなくて、自分を好きでいてくれる人を失う寂しさです。「もう愛せないけど、まだ愛されたい」という**スケベ心**だったりするのです。

別れるときは愛されたい欲求を切り捨てる覚悟が、何より必要なものかもしれませんね。

エンドロールに次回予告を匂わせるのは**無粋**ってもんだぜ！

09 不倫は10箇条を守るべし

好きだからしょうがない。
抑えられないからしょうがない。
しょうがないという免罪符を振りかざして無法になってはいけません。
人として生きる以上、ルールというものを無視してはいけません。
不倫には不倫のルールというものがあります。
不倫のルールは以下の通り。

1. クリスマス等のイベントは、一緒にいられないと心得ておくこと
2. 香水をつけて会わないこと
3. ふたりの写真は撮らないこと
4. プレゼント交換はしないこと
5. 地元で会わないこと
6. 街で見掛けても声を掛けないこと
7. こちらから連絡しないこと
8. その関係を決して口外しないこと
9. 悩んでも誰にも相談しないこと
10. 決して一番目の女になろうとしないこと

ルールを守る覚悟もなしに人の男に手を出すなよ!

10 言いたいことを我慢する女はすぐに飽きられる女

恋愛関係において、**「言いたいことがあっても我慢する」女性**が多いんですけども
こういう女性はすぐに飽きられてしまう傾向にあります。

逆の立場になると、よくわかるんですけどね。自分の意見を自分の意思で伝えてくれないと、その人のことがよくわからなくなってしまうんです。

その人の何がよくて何が好きなのか？　まったく見えなくなってしまうんですね。

よくわからない相手に、いつまでも関心を抱けるほど人間は寛容にできていませんか

ら、感情がフェードアウトしていつしか無関心になってしまいます。
恋愛感情というものは気持ちが揺さぶられて生じるもので、気持ちが揺さぶられると、自分とは異なるものに感化されるんです。

自分とは異なる意見
自分とは異なる意思

そういう自分とは異なるものにときには腹を立てたり、ときには敬意を感じたりしながら、自分の気持ちが揺さぶられて恋愛感情は成り立つものなんですよ。

意思の感じられないお付き合いなんてゾンビと付き合っているのと同じです。

人間同士のお付き合いなら意思の違いがあって当たり前です。
その違いが恋愛関係をより深くするものだということをお忘れなく。

「二股」なんてお安いお股

人間には、股はひとつしかないので、付き合っている人がいながら「二股」をしている時点で、もののけの類いのように私は思います。

自分の男がつまらないからって他所《よそ》の男と浮気ですか？
しかも、どっちにしようかと天秤にかけるわけですか？
そもそも何でそんなに恋愛に執着しなきゃならんのですか？
自分の男がつまらなきゃ、ポイッと捨てればいいだけの話じゃないですか？

何でそんな簡単なことができなくて、二股なんて複雑なことをしちゃうんですか？
恋愛から別の恋愛に逃げているだけじゃないですか？

自分ひとりも幸せにしてやれない女が
恋愛したって幸せになれるわけがないじゃないですか！

男ばかり値踏みしたって自分の価値は上がりませんよ！

二股しているあなた、

今あなたにもっとも必要のないものは恋愛です！

12 二番目の女に告げ口する女に未来はない

二番目の女が別れる腹いせに、一番目の女に謝罪という名の告げ口をすることがたまにありますが、それって自分が謝って楽になりたいだけの謝罪ですよね？

「早くこの罪悪感から解放されたい！」という本音が隠れた偽善からの行為で、謝って無罪放免ひゃっほー！ 後は勝手に揉《も》めといてー！ 的な、無責任な謝罪だと私は思います。

付き合った証を何ひとつ残せないのが、二番目の女。

なんとか爪痕を残そうなんて、図々しい甘えでしかありません。

罪悪感を抱えたまま、人知れずひっそりと消えていってください。


そもそも二番目の女をつくるような理性の弱い男なんて、放っておいてもいずれ自らの欲求で自爆します。

あなたの力を借りる必要もありませんし、あなたの入る隙間もありません。

二番目の女なんて、所詮その程度のいらない女なんです。

後悔しか残らないいらない女、本当にお疲れ様でした！

Q

彼氏がデート中に、すれ違う女の子ばかり見ています。
これは浮気ですか？

A

道端に咲く花を「きれい」だと思って、
悪いことはありませんよね。
それに**手を出したら花泥棒**ですけどね。

Q

好きになった人が実は彼女持ちや既婚者だった、ということばかり起きます。

A

いい男っていうのは、
違う女の匂いがする完成品です。

男とは自分で育てていくものです。

Q 結婚生活を手放すつもりはありませんが、不倫がクセになってしまいました……。

A **働け！**

働けば、不倫する時間はなくなりますよ。

Q 不倫はしたらダメだとわかっているけど、もっと優しい言葉をかけてください。

A **ダメだぞ！　ぷんぷん**（え、違う？）。

Q

彼氏のことを好きなのに、昔浮気していた別の男性が気になります……。

A

前の男が気になるような今の男なら、その人は大したことはありません。

Q

何回も繰り返す浮気グセは治るのか？

A

治りますよ。老人になったらね。

Q

浮気した彼氏を「許す」と言ったものの、本心では許せていません。どうすれば許せますか？

A

別れたら、許せますよ。
赤の他人の過去なんて興味ないですからね！

Q

離婚が決まっている人とのお付き合いはアリ？　ナシ？

A

ナシ！　これは離婚するする詐欺ですよ！

Q

彼氏がネットで恋人をつくっています。これは浮気？

A

浮気かどうかはわからないですけど、
気持ち悪いです！

Q 既婚者にばかりモテてしまうのはなぜでしょうか。

A **それは、モテではありません。**
8割がひやかし、2割があわよくば……です。
既婚者を本気にさせられたら大したものですよ！

Q 妻子持ちの人との不倫。
一緒になれないとわかっていても、夢を見てしまいます……。

A 夢を見るようじゃ、まだ気が足りない。
本気になれば、夜も眠れない。

Q
職場の既婚者に誘惑をされています。
どうしたら踏みとどまることができますか?

A
不倫したらどうしようと悩んでいるときは、
もう**不倫しているとき**です!

Q
浮気した夫とは即、別れるべきでしょうか?

A
別れることでしか許せなければ、
別れるしかないでしょうね。
「どうしたらそれを許せるのか」ということを
考えてください。

Q 遊ばれていたことが発覚しました。どうにかして相手に復讐してやりたい!

A 最大の復讐は、自分が幸せになることです。

全力で幸せになってください。

第4章

男と女編

イケメン、
腐メン、
ダメ女、
二番目の女……

01 いい男ほどデートで会ったときから前戯がはじまっています

ダメな男ほど**女を盲目にさせてしまいます。**

いい男は女を**盲目にさせません。**

ダメな男ほど女を**不安**にさせます。

いい男ほど女を**安心**させてくれます。

ダメな男ほど**いい男**に見せようとします。

いい男ほど**自分の女をいい女**にさせてくれます。
ダメな男ほど**マザコン**です。
いい男ほど**母親思い**です。
ダメな男ほど女を**束縛**します。
いい男ほど女のために**自制**します。
ダメな男ほど**メールやLINEがマメ**です。
いい男ほど**行動がマメ**です。
ダメな男ほど**ベッドに入ってから**前戯をします。
いい男ほど**デートで会ったときから**前戯がはじまっています。

02

ダメな男が好む女性は押せば落ち、叩けば壊れる女です

ダメな男が好む女性というのは傾向がありまして、箇条書きであげてみると、こうです。

- NOと言えない女
- いつも不安な女
- 周りに流されやすい女
- 自分嫌いな女
- 人を好きになるのが怖い女

こういう女性を好む男の恋愛観というものは対等な関係ではなく、主従関係ですので自分に従ってくれる女性であればいいわけです。女を従わせることでしか、自分の男としての価値を証明できない**クズ男の発想**がこの恋愛観ですね。

だから束縛してもNOと言えない女性、自分の主張に自信のない自分嫌いな女性、ぽちっとボタンを押せば、ジャ――と流されるうんこみたいな女性を好むわけです。

ダメな男がもっとも敬遠する女性というのは、

ちゃんと自分というものを持っている**自立したいい女**なんですよ。

なぜならいい女の前だと男としての劣等感しか感じないからです。

いい女になればダメな男は勝手に遠ざかってくれます。

いい女になりましょう。

03 強い女を弱くするのがいい男、弱い男を強くするのがいい女

男性は、基本的に女性を「守ってあげたい」という生き物です。だから、どうしても自分より強い女性はあまり好まない傾向にあります。

もっと言うと、男性が女性に求めるものはある種の「弱さ」だったりします。

その弱さは男性にとって、女性に付け入る**「隙」**になるわけなのですが、したたかな女性というのはその弱さを**自分で「演出」**し、男に媚びているように見えてしまうものなんです。いわゆる、「モテテク」ってやつがこれに当てはまります。

実際、複数の男性から好意を寄せられたりするんですけども、演出した弱さに釣られてきただけの男ですから、まぁ大した男はいないものです。

「モテたい」というだけならそれで満足かもしれませんが、「幸せになりたい」という想いなら、不満しか残らないものなんですよ。

強い男がほしいなら、強い女であり続けてください。

ひとりでも強くあり続ける女性の弱さに気づけるのが、「いい男」です。

逆に言うと、女性の隙に気づける男がいないだけなんです。

隙やギャップは演出するものではなく出てしまうものです。

いい男をご所望なら、あなた自身が強くあり続けてください。

04

「仕事が忙しいから別れる」発言は自己チューなダメ男の戯《ざ》れ言

一部の男性のログセである「仕事が忙しい」という言い訳の信憑性は、**極めて低い**です。
仕事が忙しい人ほど行動的な人が多く、連絡もマメにくれますし、
僅かな時間でも会いにきてくれますし、全力で愛してくれようとします。
それが仕事の忙しい人、充実している人の習性です。

「仕事が忙しいから別れる」と言う人の多くは、仕事が忙しいわけではありません。
自分の生活のあらゆるものが、めんどくさくなってしまっただけです。

充実できない現実から逃げたくて、現実の自分を知っている人とは**連絡したくないし、会いたくないし、愛し合いたくないんです。**

実際こういう人は、「忙しい」と言っておきながら現実逃避のために飲み歩いていたり、SNS等の現実逃避ツールに執着する人も多いです。病的とも思えるほど、現実がめんどくさいんです。

くれぐれも**美談風に飾り付けた別れ話**に惑わされないように！
仮にも恋人同士なら、その人が本当に忙しいかどうか観察すればわかるはずですよ。

05 キャバクラに通う男はプア充男子

一般的に、精神的に満たされていない男性はキャバクラに行き、性欲が満たされていない男性は、風俗に行くと言われています。

キャバクラはコミュニケーションを楽しむ場所で、そこで満たされるのは自尊心です。心を満たすことが目的なので、恋愛感情にまで発展することもよくあるそうです。

一方、風俗というのは性欲を満たすためだけの場所で、男性はそこらへんはお金できっちり割り切ることができる生き物のようです。だから風俗嬢に恋愛感情を抱くってことはあまりないのですよ。

キャバクラに行けば、どんな男性もモテますよ。そういう夢を見させてあげるのがキャバクラという空間ですからね。それで本気でモテている気になってしまうのは単なる「いいお客さん」で「プー、クスクス」と笑ってあげてもいいくらいの体たらくです。

お前がモテているわけじゃない、お前が持ってる諭吉さんがモテてるだけだ！

と言ってあげてください。

06 男が女を抱かなくなるときは危機感のサイン

セックスの頻度は、多かれ少なかれ付き合いたての頃より減るものですよね。

セックスレスの原因で**もっとも多いのは、原因がわからないという原因**なんですよ。

「好きだ」という感情はその人の知らないところに興味を惹かれるということでして、もっと知りたいという思いが「好きだ」という感情に直結しているものなんです。

そのもっと知りたいという衝動のひとつが、**身体の関係**なんですね。

だから、お互いのことをよく知らない付き合いたての頃に、頻度が多くなるわけです。

これがある程度付き合いが長くなると、お互いにお互いのことがわかるようになり、自然と頻度も減っていくわけです。

だから、決して悪いことではないんですが、すべてをわかったつもりになってしまうと細かい変化に気がつかなくなり、もっと知りたいという衝動も影を潜めてしまいます。

だから、お互いに変化し続けることが大事なんです！

変わり続けることが、変わらぬ愛情を保つ秘訣というわけですね。

たまには**狼に変身して、**襲ってあげた方がいいかもしれませんよ！

07 女の実力はセックスよりも賢者タイムに表れる

女性は寂しさが邪魔して本当に好きなのかわからない。
男性は性欲が邪魔して本当に好きなのかわからない。

これは女性の場合、その恋愛が寂しさを満たすためだけのものだとしたら、寂しさが満たされた時点で、急激に冷めてしまうという話です。

一方、男性の場合、その恋愛が性欲を満たすだけのものだとしたら、性欲が満たされた時点で、急激に冷めてしまうわけです。

満たされた後に残っているものこそが、**真の愛情**です。

俗に言う、「賢者タイム」というものは、その人の本当の愛情に触れることのできる至福な時間になるんです。実際にセックスそのものよりも、終わった後の気だるいひとときに幸福を感じる女性も少なくありません。

女としての実力は、セックスそのものよりも賢者タイムに表れるもの。

怖がってばかりじゃ大事なものなんて何ひとつ手に入れられませんよ。

08 イケメンと腐メンを選び間違ってはいけません

突然ですが、自由な人と傍若無人な人の違いって何でしょう？

自由人とは、自分の身勝手な言動によって起こりうる出来事のすべての責任を負うことができる人、その能力がある人のことを「自由人」と言います。

自由人であるためにはそれ相応の実力が必要だということ、自分の責任能力の範囲内でしか自由人にはなれないということですね。

自由人になるには、自分の責任能力を越えないためのボーダーラインが存在します。

その線引きは自制心によって引かれるものです。
自由とは線の内側にあるものだということですね。

傍若無人とは、自分の身勝手な言動によって、
起こりうる出来事のすべての責任を放棄する人のことです。
何が起こっても知らぬ存ぜぬで責任を負わない人、
または環境のせい、違う誰かのせいにして責任から逃げ出す人ですね。
こういう**「無敵のバカ」を傍若無人**と言います。

自由人な男性はイケメン（イケてるメンタル）ですが、
傍若無人な男性は腐メン（腐ったメンタル）ですよ。

男の自由に惚れるのが女です。
自由な男を愛してください。

09

ダメ男はダメになれる女性を選んでいる

ダメ男くんは、誰にでも平等にそのダメっぷりを発揮しているわけではありません。
むしろダメ男くんは**ちゃんと**人を選んでダメな自分を解放しています。

その人選は様々ですが、
NOと言えない女性だったり、
お尻の軽い女性だったり、
隙だらけの女性だったりと、

本気で好きにならなくてもいい、嫌われても傷つかないような女性を選んでいます。

だからこそ、惜しみなくダメっぷりを発揮できるわけですね。

男性は、本気で好きになった人にはダメなところは見せたくないものです。

その想いが人として向上する原動力であり、その原動力こそが愛情なんです。

男の価値を疑う前に、自分の女としての価値を疑った方が賢明です。

また、「私のカレ、だめんずでぇ〜」なんて言うのもやめましょう。

いい女というのは、一度は惚れた男のことは決して悪く言わないものですよ。

10

男が正直になれるのは二番目の女、男が誠実になれるのは一番目の女

男性というものは、往々にして二番目の女には正直になれるものですが、それが誠実なのかと言えば違います。

不誠実なことでも正直に言えてしまう楽な女が、二番目の女です。

「嘘」は言い変えれば、その人の「願望」みたいなものですから、その嘘が誠実を装う嘘なら、「誠実になりたい願望が隠されている嘘」ということになりますね。

正直になることに愛情はいりませんが、誠実になるには愛情が必要です。

正直になってほしいわけではなく、誠実になってほしいのが女性の本音でしょう。

だから、女性の「怒らないから本当のことを言って！」という要求ほど信用できないものはありません。

本当のことを言われて怒ってしまうのは、その正直さが誠実ではないからです。

誠実になってもらうためには、ときに男の嘘に騙されてあげなければなりません。

キレイに騙されてあげてはじめて、男性自身が自分の嘘に罪悪感を抱くものなんです。

その罪悪感の正体は、愛情です。

その愛情に従って、自らの行動を改めるのが「誠実」ってもんですね。

騙されてあげたのに、なお**罪悪感もなしに好き放題やるような男なら、さっさと棄てればいいだけ**の話です。

11 彼女にとっての二番手になってあげるのがいい男

いい男とは、惚れた女を盲目にさせないように、余裕というものを与えてあげる愛し方ができる男です。女を盲目にさせてしまう男にいい男はいません。

一緒にいなくても安心できるのがいい男。
一緒にいないと不安にさせてしまうのはどうでもいい男。

いい男は、自分よりも彼女の友達を優先させてあげることができる愛し方をし、
いい男は、自分よりも彼女の仕事を優先させてあげることができる愛し方をし、
いい男は、自分よりも彼女の家族を優先させてあげることができる愛し方をします。

自分自身をいつも彼女にとっての二番手にできるのが本当のいい男です。

そして、**自分の彼女を一番に思える男性です。**

男性に夢中になってしまう女は、

自分でその男の価値を落としていると心得てください。

12 別れた女が別れた男にできることは二度とその人の人生に触れないこと

「落ち込んでいる相手をどうにかしたい」という相談がたまにありますが、言い訳するために、いつまでも周りをうろちょろされたら、相手も迷惑です。

別れた女が別れた男にできることは、もう二度とその人の人生に触れないことだけです。

自身の過ちが原因で別れたのなら、それ相応の汚名を背負うのは当たり前。

振った場合も同じです。
くれぐれも自己弁護のために付きまとってはいけません。

女に振られたあげく、その女に同情されることが、
男にとってどれほど屈辱的なことかわかりますか？

最後くらいは悪女になって、男を立ててやりなよ。
それくらいの気遣いもできない別れなんて、

最初から誰も愛しちゃいなかったってことよ！

13 愛情があるほど性行為はノーマル

欲望と愛情は相反するもので、
欲望というものは独りよがりで身勝手で、その欲望をコントロールするのが愛情です。
だから本気で好きになればなるほど、相手にしてあげることよりしてあげられないことの方が多くなるわけです。

愛情というものは、一朝一夕に伝わるものではなく、何かをすることよりも何かをしないことを継続して、少しずつ少しずつじわじわと伝わっていくものなんです。

性行為にもそれは見られるものでして、男性はしたいプレイほど、好きな人にはできないものなんです。

隠し持った性癖で、「その人を傷つけてしまうんじゃないか」という自分の欲望への罪悪感から、至ってノーマルな性行為を求めがちです。

そこらへんの欲望を導き出し、理解してあげるのが女性としての役目になるんですけどね。その人が自分のことを本気で好きかどうかなんて一朝一夕にわかるものじゃないんですよ。

だからこそ「信じる」という力が必要になるんです。

一度や二度のセックス程度で愛情を確認できるほど恋愛は簡単じゃありませんよ。

Q

一人暮らしの男の人が、お母さんと毎日ＬＩＮＥしているのは、マザコンなのでしょうか。

A

母親とべたべたするようなマザコンは実は少数派です。

母親の愛情に飢えているのがマザコンで、マザコンの多くは反抗期の少年のように母親を拒絶することで母親の愛情を引き出そうとしています。ですので毎日のように母親とＬＩＮＥする男性はマザコンではなく、母親思いである可能性が高いです。

Q

もともと結婚願望がなく、ある程度モテてきた男性が「この子なら結婚したい！」と思うのはどんなとき？ どんな女性ですか？

A

モテなくなったときに、隣にいる女性です。

Q

男の人って、好きでもない人と平気でエッチできるものですか？

A

嫌いではない女性となら、できます（ただし理性はないものとする）。

Q 彼氏が一緒にいるときに、常にスマホをいじります……。

A スマホ依存の可能性があります。依存体質な人は常に何かに依存していなければ、心の平穏を保てません。スマホを取り上げたら今度は恋人に依存するかもしれませんので、付き合いを続けるのなら長い目で見ていくしかありませんね。

Q 男が浮気したくなる（やりたくなる）理由は何ですか？

A 身体だけの浮気は、**慢心が原因**です。

Q 恋愛感情が伴った浮気は、**不満が原因**です。

A 男をたてるって何ですか？

下ネタです。

Q 彼がマグロなんですが、積極的になってもらうにはどうすればよいでしょうか？

A 普段から主導権を持たせてあげて、男としての自信を植え付けること。**甘え上手になること**ですね。

Q 男性は処女をくれた女性のことをどう思っているのでしょうか……？

A 童貞を捧げた女性のことは覚えているものですが、処女をくれた女性のことは**あまり覚えていないもの**です。

Q 同性の前と異性の前で態度が違う女、どうなんですかね？

A ときには媚びることも生きていく上で大切なコミュニケーション能力です。**それを肯定できない女性**の方が、女性として問題がある場合がほとんどですね。

Q

彼女持ちの男性が他の女性にアプローチしたり、
告白したりするのはなぜでしょう。

A

フラれてもひとりにはならないから、
気軽にアプローチできるのでしょうね。
覚悟の伴わない告白は、単なる冷やかしですよ。

Q

男性が年下好き、年上好きと好みを言うとき、女性としての魅力の違いはありますか？

A

年下好きの男性はSなので、Mな女性が好きです。年上好きな男性はMなので、Sな女性が好きです。

Q

元彼の都合のいい女になったら本命には戻れませんか？

A

戻れません。都合のいい女、はどこまでいっても都合のいい女です。たとえその人が彼女と別れても一番にはなれません。**永遠に二番目のポジションです。**

Q

モラハラ気質の彼氏自身を改善に導くにはどうしたらいいですか？

A

母親にならなければなりません。

なぜなら、母親の愛情に飢えてこじれてしまったのがモラハラだからです。

Q

子どもが生まれても、「パパ」になれない子どもの夫。嫌気がさします。

A

子育ての前に、まずはパパを育てましょう！

Q 結婚相手と彼女、男性が選ぶ基準は同じですか？

A 遊ぶだけなら、誰でもいいです。彼女にするなら、嫌いじゃなければ彼女にできます。結婚は、好きでなければできません。

Q 男より稼ぐ女って、どうしてモテないのですか？

A なんだかんだ言っても、稼いでいる金額というのは**男のプライド**ですからね。でも、自分より稼いでいる男が寄ってくるんだから、いいじゃないですか。

第5章

ワタシ編

ちゃんと〝自分〟になりましょう

01 自分に自信のない人の共通点

今回、この書籍のために質問をブログで募集したのですが、多かったのが「自分に自信のない人」でした。この手のお悩みはかなり多いのですが、自信のなさに嘆いている人にはある共通点があります。

それは、何かができない理由を自信がないせいにしていることなんです。

逆に言えば、自信さえあれば何でもできると思っていて、行動の原動力を自信にしようと思っている人たちなんです。

自信というのは、行動と等価交換で得るものですから「自信がないからできない」なんて言っていたら、いつまで経ってもできないし、自信も得られないんですよ。

だから自信を原動力にしようとする人ほどネガティブな傾向にあるんです。

では、ポジティブな人は何を原動力にしているのかといったら、**好奇心**なんですよね。

自信の有無はそれほど重要視していないんです。

好奇心で動いて自信を得ているわけです。

好奇心というものは、自信の前にあるものですから、**ポジティブな人ほど自信を振りかざして傲慢になることもなく、謙虚な姿勢でいられる**というスンポーなんです。

だから「自信がない」なんて悩むのは、今すぐやめることをオススメします。

02

男をスケベにさせるのはサバサバ女子

サバサバ女子には品格がありますが、
おっさん女子は下品です。
サバサバ女子は理路整然としていますが、
おっさん女子はただのヒステリーを起こします。
サバサバ女子は素直ですが、

おっさん女子はただの**ワガママ**です。

女性ならではの**強さ**で形成されているのはサバサバ女子ですが、
女性ならではの**弱さで反動形成**されているのはおっさん女子です。

いざというときに**女であることを言い訳にしない**のがサバサバ女子ですが、
いざというときに**女の特権をフル活用して大暴れする**のがおっさん女子です。

下ネタでも盛り上がれるのはサバサバ女子ですが、
下ネタでしか盛り上がれないのはおっさん女子です。

男をスケベにさせるのはサバサバ女子ですが、
自分がスケベになってしまうのはおっさん女子です。

03 迷惑をかけてはいけない病

「人に迷惑をかけたくない」という女性がたまにいます。
しかし、誰にも迷惑をかけない生き方は、
誰にも存在を認識されない生き方になってしまうんですよ。

生きていく中で、自分が他人と関わりがあるというだけで
少なからず迷惑というものはかけてしまうものでして、
だからこそ感謝というものが生じるわけなんです。

感謝から気持ちの余裕が生まれ、
その気持ちの余裕が、他人の迷惑を受け入れられる気持ちの余裕になり、
迷惑のかけ合いが、感謝のし合いになるという良循環になるわけです。

迷惑はかけていいんです。
好きな人の迷惑なんてむしろ嬉しいものなんですよ。
好きな人に必要とされないことほど虚しいことはありませんからね。

04
人の悪口や愚痴を言っているくせに付き合いをやめない人

人の悪口や愚痴を言っているのに、その人との付き合いをやめない人って、日本人に多いですよね。「嫌いなら嫌いじゃないところまで離れればいいだけ」なんですが、これができるのは人から嫌われることを恐れていない人だけですね。

付き合いをやめてしまったら嫌われるかもしれない、悪口を言われるかもしれないという恐怖心があるから離れられないんです。嫌っているくせに嫌われるのが怖いんです。
だからいつも近くにいて、その人に嫌われないように監視しているんです。

その人の一挙手一投足、重症になるとその人のＳＮＳまでチェックします。
嫌っている手前、嫌われているんじゃないかという猜疑心ですね。

その人が離れようとしても許しません。どこまでも追尾して監視しようとします。
ネタになるから？　いいえ、ネタにされるのが怖いからです。
その程度の**臆病者**ってことです。つまり、

- **非難されることに弱い、または非難を受け付けない**
- **欠点を指摘されるとすべてを否定されたと思ってしまう**
- **特別な人間にしか自分を理解できないと思っている**
- **人に教えてもらうのが苦手**
- **自分ではサバサバしていると思っているが実際はネチっこい**

そんな人に多い傾向です。

05 報われないからといって腐る程度の努力は努力とは言いません

報われない努力というものは、
努力することが目的になってしまっている努力に、よくあることなんですよ。

努力している人ほど努力は目的にしていないものでして、
もっと明確な目的を持って行動しているんですね。

明確な目的には明確な計画があるものですから、
その人にとっては計画に沿って行動しているだけなんですね。
だから本人に努力しているという自覚はあまりないものなんです。

あと、「楽をしている人より報われない」と嘆く人がいますが、
楽をできることが報われることではありませんからね。

「楽」の報いはいつの世の中も「苦労」なんです。
だから楽をしている人が楽なのは、まだ報われていない楽なんですよ。

報われないからといって
腐る程度の努力は努力とは言いませんよ。
報われるまで、やり続けるのが努力です。

だから努力は必ず報われるんです。

瞬発的な努力よりも継続する努力が大事ですね。
継続させるためには休憩することも大事なんですよ。
だから安心して休んで、安心して頑張ってくださいね。

06 傷ついているようで傷ついていないのがネガティブ

物事を悪い方へ悪い方へ考えていれば、現実に裏切られることはないんですよね。

傷つくのが怖いから自分に期待しない。
振られるのが怖いから告白しない。
報われないのが怖いから努力しない。
叶わないのが怖いから夢を持たない。

いつかなくなるのが怖いから幸せは望まない。

ネガティブに生きるということは、実は傷つくことのないとても楽な生き方なんですね。

でも、人というのは傷ついて痛い思いをしなければ変わらない生き物でして、ネガティブという安全圏から出てこない限り何も変わることはないんです。

傷つくことのできるステージに立ってはじめて人は「変わることができる権利」を手にできるわけです。

ポジティブな人ほど何も悩みがないように思われがちなんですが、ポジティブに伴う「傷つく覚悟」というものと日々闘っているものなんです。

助けが必要な人というのは、実はネガティブという安全圏にいる人よりも傷つくことができるステージにいるポジティブな人なんですよ。

傷ついているようで傷ついていないのがネガティブ。
傷ついていないようで傷ついているのがポジティブ。

傷つく覚悟もなしに、ネガティブから脱出はできません。

07 完璧を目指すと不幸しかありません

完璧主義というのは悪癖でしかなく、完璧な人なんていないわけですから必然とその主義は人に押し付けるものになってしまいます。他人に押し付けた価値観はただの暴力でしかありません。

完璧主義の人の特徴をあげてみますと、

- 完璧主義ゆえに自分の欠点を許せない**自分嫌い**
- 完璧主義ゆえに人の欠点も許せない**人嫌い**

- 完璧主義ゆえにその人を**神格化しなければ人を好きになれない**
- 完璧主義ゆえに他人を**「敵か味方か」という見方しかできない**
- 完璧主義ゆえに台本のないコミュニケーションができない、**重度の人見知り**
- 完璧主義ゆえに考えれば考えるほど最終的に**「やっぱりやめておこう」になる**
- 完璧主義ゆえに何をしても楽しくない、**常にイライラしてしまう**
- 完璧主義ゆえに向上心は高いが**向上心の高さに潰されて自尊心は低くなる**
- 完璧主義ゆえに**完璧にできないことはやりたくない**（掃除嫌い、料理嫌いなど）
- 完璧主義ゆえに人からの評価が気になりすぎる**対人恐怖症、孤独感等**

完璧主義は百害あって一利なしです。
断言しますが、完璧を目指すと**不幸**しかありませんよ。

大事な人ほど大事にしないタイプが人見知り

08

他人から嫌われることを極度に怖がってる人ほど、人見知りという傾向があるようです。そして、その反動で「自分のことを許してくれる人だな」っていう人に、自分を大解放して、ワガママになったり、毒を吐いたりするわけです。

つまり、**大事な人ほど大事にしないタイプが人見知りなのです。**

人見知りの人は、**誰かを名前で呼ぶことも躊躇《ため》ってしまいがち**です。

名前で呼ぶだけでぐっと距離が縮むのに。

人見知りの人は、**赤ちゃんにも人見知り**をします。

結局、人と対峙したときの自分自身に戸惑っているのでしょう。

優しくされるとすぐ好きになるのが人見知りです。

こっち向いてほしいくせに、**目が合うと目を反らす人**も同じです。

想いの分だけ何もできないのが人見知りで、その間に**ノリのいい女に持っていかれます。**

人見知りの悪いクセは、自分がどう思われているのかばかり気にして、相手のことを見ていません。肝心なのは、あなたがその人をどう思ったのかであり、他人からどう思われるかではありません。

あなたはその人らしさを引き出してあげることに専念していればいいんです。

09 自分に嘘をつくことでもっとも傷つくのは自分

嘘にもついていい嘘と悪い嘘がありまして、おいしさ控えめな料理に「おいしいよ」と言ってみたり、かわいさ控えめな女性に「かわいいよ」と言ったり、面白さ控え目な男性の話に「ウケるー！」と言ったりという、こういった「人のための嘘」というものはアリです。

ですが、**病的に嘘をつく人というのはそのほとんどが「自分のための嘘」**なんですね。

幼少期に「本当の自分」というものを許されなかった人に多い傾向で、テストの点数はよくて当たり前、悪ければうちの子じゃないみたいに、本当の自分であることを許されなかった家庭環境が影響しているようです。

本当のことを言って、拒絶されたり、棄てられてしまうという恐怖心が嘘につながるわけです。

嘘で自分を固めて本当の自分を隠すことで安心を得ているわけですね。

こういう人は当然、嘘を見破る人が怖いんです。

ひとつ嘘がバレてしまうと、すべての嘘がバレてしまい、本当の自分を見られてしまうんじゃないかと思ってしまいます。

だから嘘がひとつでもバレると、自ずとその人からひっそりと離れていきます。

こういう人が恋人に望むことは、「嘘を信じてくれる」こと。

当然、ある程度のお付き合いになると嘘の辻褄《つじつま》が合わなくなりますから、そうなると恐怖心が芽生えて居心地の悪い関係になります。

だから、嘘をつく人というのは**恋愛は長く続かない**んです。

幸せとは、本当の自分を受け入れてもらえることですからね。

嘘つきな人は、幸せになることを自ら拒絶していることになるんです。

自分に嘘をつくことで、もっとも傷つくのは自分です。

不幸になったのは、誰でもない**あなたのせい**なのです。

10

人の悪いところは本能で見抜き、人のいいところは理性で見抜く

「何が正しいのか」を指針にしている人は、人の悪いところに目がいきます。

「何が楽しいのか」を指針にしている人は、人のいいところに目がいきます。

「当たり前」と思っている人は、人の悪いところに目がいきます。

「ありがとう」と思っている人は、人のいいところに目がいきます。

悩みがあったら愚痴を言う人は、人の悪いところに目がいきます。

悩みがあったら相談をする人は、人のいいところに目がいきます。
人を変えようとする人は、人の悪いところに目がいきます。
自分が変わろうとする人は、人のいいところに目がいきます。
正直に生きている人は、人の悪いところに目がいきます。
誠実に生きている人は、人のいいところに目がいきます。
自分の言いたいことを言いたい人は、人の悪いところに目がいきます。
人の言いたいことを聞きたい人は、人のいいところに目がいきます。
感情で理性をぶち壊す人は、人の悪いところに目がいきます。
理性で感情を処理できる人は、人のいいところに目がいきます。

人の悪いところを見つける目というものは、先天的に持っている**本能**みたいなものです。外敵から身を守るために標準装備されたような目ですね。

これは誰でも持っているものです。

乱暴な言い方をすれば、**「バカでも人の悪いところはわかる」**ってことです。


人のいいところを見つける目というものは、後天的に養っていくものです。

理性というものを養わなければ、人のいいところは見つけられません。

嘘で誉めるわけではなく、お世辞で誉めるわけでもなく、その人の本当のいいところを誉められる人というのは**理性的で頭のいい人**なんですよ。

不幸に同情はできるけど幸せを祝福はできない

もし自分が不幸になったとき、多くの友達は同情してくれることでしょう。
もし自分が幸せをつかんだとき、それを自分のことのように喜んでくれる友達は、その数より少ないでしょう。

本当の友達というものは、不幸に同情してくれる友達ではなく、幸せを一緒に喜んでくれる友達です。

不幸に同情はできるけど、幸せを祝福することはできない。

そういう人がどんな人なのか解説しなくてもわかりますよね?

傷のなめ合いでしか、友人関係を形成できないグループなんて早くイチ抜けした者勝ちです。

人間関係が最適化されて、身軽になっただけですよ。

もう他人として、礼儀だけで接していればOKです。

12

「他人に迷惑をかけたくない」が不幸のはじまり

幸せとは気持ちの余裕から生じるもの、気持ちの余裕とは感謝から生じるものです。

自分は不幸だと思ってしまう人は、人への感謝が足りないんです。

これは真面目な人が陥りやすいことなんですが、人に感謝すべきことでも、自分の不甲斐なさを恥じてしまい、「ありがとう」ではなく、「すいません！」と真っ先に伝えてしまうんですね。それで、自己嫌悪を積み重ねてしまうわけです。

これは他人に迷惑をかけたくないという思いから生じるものですが、

誰にも迷惑をかけずにひとりで生きていける人間なんてこの世に存在しないんですよ。

夢を持って目標を掲げて、自分のやりたいことをやりたいように突き進むほどに人に迷惑をかけずにはいられなくなるんです。

他人に迷惑をかけたくないと思うと、夢も持てず目標も持てず、自分のやりたいことさえも見つからず、生きていることに疑問を抱いてしまうようになってしまうんです。

お互いに迷惑をかけ合いながら、お互いに感謝し合い、その感謝から気持ちの余裕が生まれ、その気持ちの余裕から、幸せに気づくようにできているんですよ。

迷惑はかけていいんです。

それに感謝することが大事なことなんです。

それが生きるということなんですよ。

Q
〝女の実力〟って、つまるところどういうことを指すのでしょうか？

A
一言で言うと、「品格」。
詳しく説明すると一冊にまとまってしまうので、
次回買ってください。

Q
ブスでも、胸を張って生きていいのでしょうか？

A
開き直ったらダメですよ。
美しくなろうとする姿勢に胸を張って、
生きていってください。

Q
自分に迷ったときは？

A
勇気のいる方へ。

Q
人を好きになる気持ちがわかりません。私って異常なんですか？

A
人を好きにならずに、どこまで生きていけるか生きてみなさい。

Q
いい女になるにはどうしたらいいですか？

A
いい女になる前に、自分になりましょう。

Q

女が一人で生きていくには、何が必要でしょうか?

A

経済力!

Q

長女体質の女性は、この先幸せになれるのでしょうか?

A

追いかける恋愛をやめれば、幸せになれますよ。

Q

人見知りが激しいのですが、どうすれば気軽に楽しく人とお話しすることができるのでしょうか。

A

最初っから友達感覚で話しかけるものではないですよ。人間関係は気を使ってなんぼです。気を使わないで人間関係を築こうなんて、図々しいにもほどがあります。

Q

怒りが湧いたときに自分を抑えることができません！

A

その思いを言語化して一冊にまとめてみたらどうですか？

Q 私は、自分が女なのに、女の人が怖いです……。

A 安心してください。**男の人も女の人が怖い**です。

Q どうやったら自分の弱さを彼氏に見せることができるのでしょうか？

A 「弱さ」って見せるものじゃなくて、見えちゃうものですよね。**弱さを見せるのはベッドの上だけ**にしてください。

DJあおいの
最後の悪知恵

特別収録

恋人がほしいんじゃなくて
安心がほしいんでしょう?
刺激がほしいんでしょう?
幸せがほしいんでしょう?
ほしがる前にそういうものを与えられる人になろうとしなきゃ
ほしいものなんて何ひとつ手に入らんよ。

信頼関係というのは、理由があって信頼しているわけではなく
「信じる」というよりも「疑わない」という表現がしっくりくる。

好きな人の全部を知らなくてもいいんです。
知らないことは知らないままでいいんです。
知らないことは信頼しとけばいいんです。
全部を知ろうとすると全部を失うことになります。

好きだからとワガママ言って
好きだからと嫉妬して
好きだからと束縛して
好きだからという大義名分で
好きな人を傷つけるのはやめましょう。
あなたが好きなのは自分だけです。

一生懸命だと自信をなくすこともあるけど
一生懸命だから自信が持てる。
一生懸命だと笑われることもあるけど
一生懸命だから笑うことができる。
一生懸命だと泣けるほど悔しいときもあるけど
一生懸命だから泣けるほど嬉しい瞬間がある。
これだから一生懸命はやめられない。

惚れた女を素直な女にするのがいい男。
惚れた女をめんどくさい女にしてしまうのはダメ男。
女はめんどくさいと言う男は
ぼくはダメな男です
という自己紹介をしているようなものです。

人間っていうやつはね
自分で自分を幸せにする能力はあまりないんですって。
その代わり、違う誰かを幸せにする能力は
いっぱい持ってるんですって。
大事なのは、誰から幸せをもらいたいかじゃなくて
誰に幸せをあげたいか、です。

辛いときでも笑顔でいれば幸せはやってくるよ、
っていう言葉が沁みたときは
思いっきり泣いた方がいいときよ。

一度逃げたイヤなことっていうのは
姿を変えて何回も何回もまた自分の前に立ち塞がるものでして
その乗り越えるべき壁は歳を重ねるほどに
どんどんどんどん高くなっていくものでして
乗り越えるのなら残りの人生で一番若い
今の自分で乗り越えた方がいいですよ。

人の悪口を言うって行為はですね
ストレスを解消する行為ではなくてですね
ストレスを小さな優越感で隠す行為なんですね。
人の悪口なんか言っても言っても
ストレスは解消されないんですよ。

たったひとりの男に
たくさんの欲求を求めるのが
女なのだそうで
たったひとつの欲求を
たくさんの女に求めるのが
男なのだそうです。

優しいから好きなわけではなくて
カッコいいから好きなわけではなくて
面白いから好きなわけではなくて
好きになっちゃったから優しさが沁みるんだよね。
好きになっちゃったからカッコよく見えちゃうんだよね。
好きになっちゃったから面白くないことでも一緒に笑い合えるんだよね。

恋人の好きなところを聞かれても答えられないのは
理由なんてないから。
恋人のイヤなところを聞かれるとスラスラ出てくるのは
それだけ受け入れているから。
愛情はどれだけ好きかより
どれだけイヤなところを受け入れているかで決まる。

人間ってね、自分の尊敬してる人に似てくるんですって。
考え方は勿論なんだけど
顔というか顔つきも似てくるんですって。
長く付き合ってお互いがなんとなく似てくる関係って
お互いに愛し合ってるだけじゃなくて
人として尊敬し合って影響を受け合ってる
理想的な関係なんですって。

自己肯定がお上手になっちゃうとね。
どんなことでも肯定する抜け道を探すことがクセになっちゃうよ。
自分が間違えたことさえわからなくなっちゃうよ。
間違えたっていいんだよ。
間違いがわからないと正すこともできないよ。

なんでだろう。
傷つく覚悟がない人ほど
傷つくようなことを知りたがる。
目に見えないものに怯えてるくせに
目に見えないものを探ろうとする。

嫌われるのが怖くて尽くす
自分への扱いに不満を感じやすい
恋愛に過剰な期待をしている
信じたいけど疑ってしまう
友達に誘われても恋人を優先してしまう
ドタキャンされても怒れない
自分の希望を言えない
曖昧な関係でも身体を許してしまう
これが、都合のいい女になりがちなタイプだそうですよ。

優しい人は、人の気持ちになれる人。
人の気持ちがわかる人。
逆に言えば、人の気持ちを壊す術も同時に持ってることにもなる。
だから、**この世で一番怒らせちゃいけないのは**
優しい人なんですよ。

男に求める年収も
自分が稼げる年収以上は
求めちゃならねえんだぜ。

すぐに謝る人は謝ることによって
話し合いの拒否をしている節がある。
話し合いは愛し合い。
すぐに謝るということは
「あなたを愛していません」という宣言になりますすね。

騙されないための賢さを身につけて
裏切られないための賢さを身につけて
傷つかないように傷つかないように賢さで武装していく人ほど
どんどんどんどん恋愛から遠ざかっていくんだなぁ。

必要なのは傷つかないための賢さじゃなくて
傷つく覚悟なのになぁ。

諦めようと思うと悔いが残るんだなぁ。
きっと悔いの残らない諦め方なんてないんでしょうね。
キレイな諦め方なんてないんでしょうね。
諦められないことは許してあげることよ。
最後まで諦めなかった自分を許してあげることよ。

あのさ、泣いて泣いて泣きわめいてさ。
もうダメだなんてこの世の終わりみたいに言ってるけどさ。
人間って泣いて終わりじゃないんだな。
泣いたところからスタートなんだな。
泣いたところから強く生まれ変わるんだな。
この世に泣いて生まれてきたときから
ずっとそうだよね。

なりたい自分ってあるよね。
強くて、優しくて、凛々しい理想の自分。
何か道に迷ったら
なりたい自分に尋ねてみると
「こっちだよ」
っていつも教えてくれるよね。
なりたい自分が明日に連れていってくれるよね。
なりたい自分を追いかけてると
なれる自分に変わってくるよ。

人間ってさ、ひとりで悩んでると
どうしてもネガティブになっちゃうよね。
たぶんひとりひとりは
みんなちっぽけで弱いんだね。
でも不思議だね。
ちっぽけで弱いひとりひとりも
人のためだと強くなれるんだね。
ちっぽけで弱いひとりひとりが
ちっぽけで弱いひとりひとりから
強さをもらってるんだね。

小さい約束ってさ
素敵だよね。
話の流れで適当に交わした
冗談なのか本気なのかよくわからない
自分でも忘れちゃいそうな小さい約束。
そういう約束を覚えていてくれると
大事にされてるんだなって思うよ。
忘れてしまいそうな小さな約束が
忘れられない大きな想い出になるよね。

自由は浪費するものではなく投資するもの。
明日から逃げるために今の自由を浪費しないように
明日のために今の自由を投資してください。

自分のことをブスだと言うのは
謙虚じゃなくて卑屈ですよ。
相手のことをキレイですね、
カッコいいですねと
素直に誉めることが謙虚なんですよ。
謙虚だとキレイになるけど
卑屈だと本当にブスになっちゃいますよ。

感情的になるほど弱い気持ちが泣いている。
心穏やかなときほど強い気持ちが笑ってる。
誰かに気持ちを届けるのなら
感情的になって涙と一緒に弱い気持ちを届けるより
心穏やかなときに
笑顔と一緒に強い気持ちを届けよう。

魅力的な人って決していい人ではないです。
ワガママも言います。
自分勝手もします。
間違いもあります。
でも、自分のワガママに責任を持っています。
自分勝手を許してくれる人に、感謝もできます。
頭を下げることもできます。
そういうところが魅力なんです。
人畜無害ないい人になんてならなくていいんです。

メールがこないと不安になっちゃう関係より、
メールがくると何かあったんじゃないかって
一瞬、不安になる関係の方がいい信頼関係ですね。

まだ気持ちが痛いなら
まだ恋は失っていないんだね。
失恋はされていても
失恋はしていないんだね。

失恋というのは
あれほど忘れないと願った恋でも
いつ忘れたのかわからないくらい
いつの間にか忘れてるものなんだね。
そしていつか思い出したときに
失恋したことに気づくものなんだね。

幸せってこの世の果てにあるんだって。
この丸い地球で一番遠い場所にあって
追いかけても追いかけても逃げていくんだって。
幸せって自分の背中にあるんだって。
幸せって探すと一番遠い場所にあるけど
感じると一番身近な場所にあるんだって。

自信があるとかないとか自己愛でしょうに。
人を好きになるのに自信なんていらんよ。
好きになった見返りを求めるから、
自信が必要になっちゃうんだよ。

「カッコいいから好き」よりも、
「カッコ悪いけど好き」の方が
大きな想いを感じるよね。
「素直なところが好き」よりも、
「ワガママだけど好き」の方が
何だか嬉しいよね。
人の本当の魅力ってさ、
長所より短所にあると思うんだよね。
「〜だから好き」は嘘の愛、
「〜だけど好き」が本当の愛かもね。

天然な子って
ぼーっとして何も考えてないみたいだけど
考えてない代わりにものすごい感じてるんだって。
感受性が強すぎて普通の人が感じられないことで
笑ったり感動したりできるんだって。
鈍感に見られがちだけど
本当は繊細すぎて人一倍傷つきやすいんだって。

気が合わないなぁって思ったら
気が合うところまで離れる。
たぶん距離が近いほど
気が合わなくなるようにできてるんだなぁ。
人間関係の多くは距離が近すぎて壊れる。

自分のことがよくわからないから
人からの評価が気になっちゃうんだな。
人からの評価で自分を理解しようとするから
人から嫌われるのが怖くなっちゃうんだな。
人から気に入られる自分より
自分が気に入ってる自分を持っていれば
人から嫌われることなんてちっとも怖くないよ。

いつもお高い服の人
いつもお安い服の人
キレイな人
ちょっと残念な人
明るい人
暗い人
裕福な人
貧乏な人
世の中って不平等だね。

でもさ不平等な世の中の平等って
友達の関係だよね。
ひとりひとり違って
ひとりひとり格差があって
不平等で平等なんだね。

前向きな言葉の裏には
傷ついて後ろ向きになった過去があるんです。
後ろ向きになる怖さを知ってるから
前向きになるんです。
前向きな人ほど後ろ向きな自分と闘ってるんです。
前向きな人だって痛いことは痛いし
ちゃんと傷ついてるんです。
何も感じないわけじゃないんです。

勇気が必要な方を選択する生き方は
後悔しないための生き方なのさ。
成功するとは限らないけれど
決して後悔しない生き方なのさ。

成功することも後悔をしないこと。
それが充実した毎日につながるのさ。
迷ったら
勇気が必要な方へ。

おわりに

恋愛って余分なものなんですよね。自分に足りない何かを埋め合わせるものではなくて、自分の中にある余裕の部分でするもの。そういう恋愛がうまくいく恋愛だと思うんです。足りないものを求める恋愛は自分のほしいものを奪う恋愛になり、気持ちの余裕の部分でする恋愛は余裕の分だけ捧げることのできる恋愛になるんです。

ですから、まずは各々が自立していることが絶対条件なんですよ。男でも女でもひとりでも恋愛に頼らなくても、独立した幸せを確立することが何より大事なんですよね。

そういう者同士が一緒になるから、お互いがお互いの独立性を尊重でき、お互いの持つ幸せが掛け算となり、その幸せが二人の幸せになるんですよ。

そして、その余裕の分だけ捧げる愛情も増えていくわけですね。

偽りの自分や無理した自分で好かれるくらいなら、本当の自分で嫌われた方がマシ。嫌われるべきところにはちゃんと嫌われる人になること。世の中には、嫌われることや孤独を恐れて不自由な思いを抱えている人達がたくさんいるわけですけども、この本を読み終えて少しでも自由を感じてくれたら著者冥利に尽きます。

読了ありがとうございました。

２０１６年１月

ＤＪあおい

DJあおい

謎の主婦。恋愛アドバイザー。
ツイッターで独自の恋愛感を綴り、
一般人としては異例のフォロワー約34万人（2アカウント合計）。
ブログ「DJあおいのお手をはいしゃく（http://djaoi.blog.jp/）」は
月間600万PVを誇る。著名人のファンも多く、
幅広い層から支持されているが、その素性はいまだ謎のまま。
著書に『じゃあ言うけど、それくらいの男の気持ちがわからないようでは
一生幸せになれないってことよ。』（ワニブックス）がある。

編集協力
上村絵美
タウンワークマガジン

DJあおいの恋の悪知恵《わるぢえ》

2016年 2月19日 初版第1刷発行

●著者
DJあおい

●発行者
川金正法

●発行所
株式会社KADOKAWA
〒102-8177
東京都千代田区富士見2-13-3
Tel 0570-002-301
（カスタマーサポート・ナビダイヤル）
年末年始を除く平日9:00〜17:00まで

●印刷・製本
株式会社廣済堂

ISBN978-4-04-068101-6 C0095

http://www.kadokawa.co.jp/